遇见广州，这座城

YUJIAN GUANGZHOU, ZHE ZUO CHENG

藏羚羊旅行指南编辑部　编著

北京出版集团公司
北京出版社

图书在版编目（CIP）数据

广州，这座城 / 藏羚羊旅行指南编辑部编著 . — 北京：北京出版社，2020.4
（遇见）
ISBN 978-7-200-15221-0

Ⅰ. ①广… Ⅱ. ①藏… Ⅲ. ①旅游指南—广州 Ⅳ. ① K928.965.1

中国版本图书馆 CIP 数据核字（2019）第 290453 号

遇见
广州，这座城
GUANGZHOU, ZHE ZUO CHENG
藏羚羊旅行指南编辑部　编著

*

北京出版集团公司
北京出版社　出版
（北京北三环中路6号）
邮政编码：100120

网　　址：www.bph.com.cn
北京出版集团公司总发行
新 华 书 店 经 销
北京瑞禾彩色印刷有限公司印刷

*

710毫米×1000毫米　16开本　14印张　268千字
2020年4月第1版　2020年4月第1次印刷
ISBN 978-7-200-15221-0
定价：59.80元
如有印装质量问题，由本社负责调换
质量监督电话：010-58572393

前言

  当你拿起这本书时，想必你已经十有八九要去那个潮湿的大都会——广州了。你甚至可以马上动身，因为这座南方重镇随时都做好了准备迎接四面八方来的客人。

  广州的崛起离不开珠江的冲刷和海洋的孕育。从海上吹来的潮湿海风和远道而来的客人，带来了经久不衰的贸易。商业永远是这座城市的标签。

  在人潮拥挤的步行街上，古老的庙宇突然出现，经久不散的香火升起。现代文明中，老城里仍保留着传统的本土文化。就在一湖之外，保佑溪湾一方平安的武威庙里还有信仰的力量在传递。与西关对应的东山口，"少爷"们的洋楼也同样安静地矗立。革命的历史在小洋楼里呈现，现代休闲主义的精致咖啡馆躲进了西洋风格的小楼里，悠闲的下午时光在这个安静的社区里悄悄溜走。

越秀山下，古城墙、镇海楼在山边构建起古城的记忆。山上的革命遗迹、韩式古典院落、炮台的土坡无不讲述着广州的过去。再远一些的白云山是广州人寻找城市野趣的地方。越秀山和白云山告诉我们，在这个冲击出来的平原上还有丘陵的风貌值得我们去欣赏。

时代在变。南岸众多创意园区取代了原先的工厂，让创意和文艺进驻了破旧厂房。工业时代渐渐远去，新的园区正散发着独特的魅力。古老的湿地村落，摇身一变成了漂亮的大学城，或是颇具趣味的艺术村。

时代催促着珠江"基因突变"。告别旧城区，摩天大楼在天河连成了城市的新中轴线。从天河的高档商场到南岸高高矗立的广州塔，这些组成广州新的城市中心。富有情怀的书店、激情澎湃的夜店、璀璨夺目的夜景、婀娜多姿的"小蛮腰"统统倒映在流淌的珠江中，一座新的广州城正等着你探索。

从北到南、从西到东；古老的、新潮的；绿色的、钢筋水泥的；视觉的、味觉的……点点滴滴都是广州。这里我们仅截取其中一部分，把它们串联起来。一条条线路里有着不一样的广州。不管怎样，广州和珠江都不会让你失望的。

遇见
广州,
这座城

遇见
广州，
这座城

目录 Contents

广州也有好山川
爬山赏花四月天

白云山 / 14
云溪生态公园 / 17
麓湖公园 / 19
广州雕塑公园 / 21
广州兰圃 / 24

越秀公园 / 26
镇海楼 / 28
古城墙 / 30
和目咖啡 / 32

多少故事老街中
东山少年古迹中

西汉南越王博物馆 / 38
光孝寺 / 40
歌莉娅 225 / 43
北京路步行街 / 45
大佛寺 / 48
文德路字画街 / 50

浩天书店 / 53
广州起义烈士陵园 / 55
风味馆 / 58
星巴克（中山 3 路 2 号店）/ 60
东山口 / 62
梁渣渣咖啡店 / 64

骑楼与满洲窗的风景线
西关有人家

中山六路骑楼 / 70
陈家祠 / 72
源记肠粉店 / 74
泮塘路 / 76
仁威庙 / 78

荔湾湖公园 / 80
荔湾博物馆 / 82
西关大屋历史街区 / 84
恩宁路 / 87

早茶与粥粉面告诉你广州的味道
老城里的美食之旅

荣华楼 / 94
伍湛记 / 97
上下九 / 99
宝华面店 / 102

顺记冰室 / 104
陶陶居 / 106
莲香楼 / 108
华林寺玉器街 / 110

广州最风光的城市纵贯线
新城市天际线

时尚天河 / 116
方所书店 / 118
炳胜 / 121
1200 bookshop / 123
红专厂 / 125

花城广场 / 127
海心沙 / 129
广州塔 / 131
兴盛路酒吧街 / 134

珠江上的沙洲传奇
沙洲的珠江往事

沙面 / 140
白天鹅宾馆 / 142
兰桂坊 / 144
TIMEOUT CAFE / 146
文化公园 / 148

一德路 / 150
林记粥品店 / 153
石室圣心大教堂 / 155
二沙岛 / 158

老工厂里的新生活
老大学遇见新江滨

琶醍啤酒文化创意艺术区 / 164
T.I.T 创意园 / 166
中山大学 / 168
大元帅府 / 170
芬芳甜品 / 172
海幢寺 / 174
安乐炖品 / 176
太古仓码头 / 178
宏信922创意园和1850创意园 / 180
石围塘火车站 / 182

海港里的一些故事
岭南旧模样

南海神庙 / 188
黄埔军校旧址 / 191
黄埔古港 / 194
海珠湖公园及湿地公园 / 196
小洲村 / 198
广州大学城 / 200
Bici Cafe / 202
岭南印象园 / 204
余荫山房 / 206

佛山与古镇的对话
沙湾有风情

莲花山 / 212
沙湾古镇 / 215
紫泥堂创意园 / 217
沙湾奶牛皇后 / 220
宝墨园 / 222

广州也有好山川

广州的四月天绝不会辜负你,忘记城市的拥挤,广州城的山野中有着别样的春色。

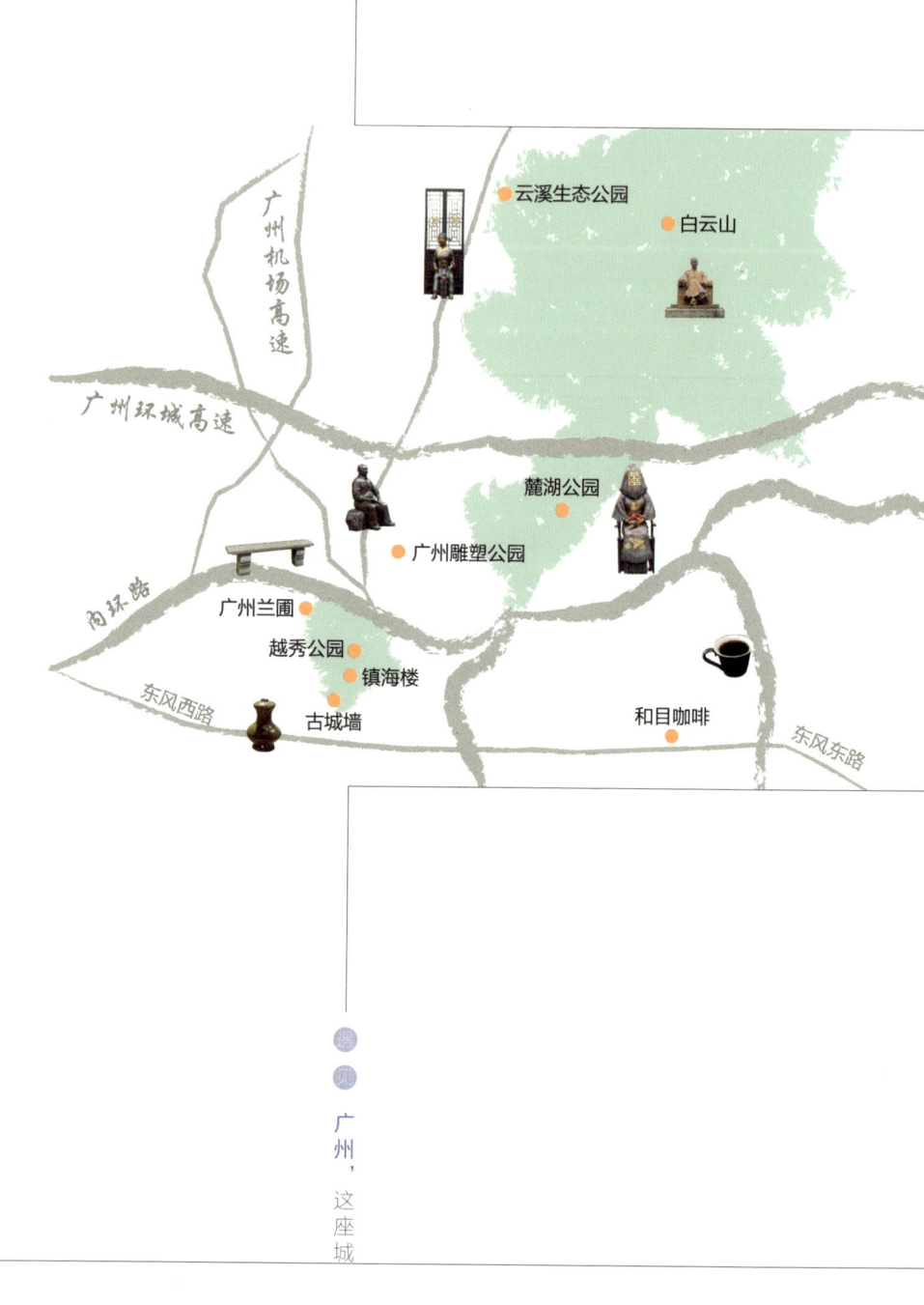

广州,这座城

爬山赏花四月天

从白云山开始,这片城北的郊野是羊城的绿肺。一座又一座的郊野公园环抱着大山。沿着缓缓而上的山径徒步,便走进了大自然的乐园。登上山岭,一览广州,城市风貌在微微春风中分外别致。若是傍晚时分,星星还没爬上天,城市的灯火已如繁星璀璨。下山,又路过一片鸟鸣和蛙声协奏的山水胜地。一处处的秀色仿佛在争先恐后地告诉你广州的春天有多美。

再走远些,可见湖泊平摊在城市中。在环湖的大路上可以放肆地骑行,麓湖边美得好像在放风景电影。如果要享受安静与从容,雕塑公园里的静物是沉默的诉说者。绿林里、草地上的景色,配合一座座雕塑作品,塑造出一条艺术踏青之路。

更不可思议的是,繁忙的高架立交桥旁也能有小桥流水的园林。兰花的幽香在精美的南方园景中四溢。依着湖水,闻着兰香,喝着茶,兰圃的下午有着世外的意趣。

另一座广州的山——越秀山就在边上。它更亲近广州,点点滴滴都是景色,一颦一笑都是羊城的岁月记忆。登上镇海楼,效仿古人,看尽广州繁花。踏上残存城墙,又拾起了羊城往事。

夜色将近,暂别山野的春色,重返闹市。这里有惬意的咖啡馆,别致的茶室,还有外国人聚集的夜场。山野之外跳动着城市的脉搏,仰望着两座人山,山下的人们度过了一个又一个活色生香的夜晚。

广州，这座城

白云山
城市背后的山野

周末的清晨，来广州做生意的韩国姐妹像地道的本地人一样，穿着专业的运动服开始攀爬白云山。这是她们工作之余接触自然的重要活动。到达山顶后，她们还练起了瑜伽。

白云山这座号称"南粤第一秀"的山丘是广州5A级风景区，更是真正意义上每个广州人心中的山野，几乎每个广州人都至少去过一次白云山。爱好自然和运动的人更是一得闲就会爬上白云山的绿野，来一次"逃离城市"的旅程。

　　游览白云山的旅程通常从南麓的索道开始。慢悠悠的索道就在山下云台花园的边上。坐索道是一次悠然自得的体验。轻摇慢晃，城市渐渐远去，绿色慢慢压了过来。一路上鲜花点缀着绿野，棕色的道路在绿色中若隐若现，点点游人在绿色中穿行。有人更青睐在山路攀行，一片绿荫中的道路和慢慢升高的海拔能带来在广州难以感受到的清凉。更何况在幽静绿色、山林鸟鸣中还有古风犹存的古寺可以歇脚、静思。

　　不管以何种方式登山，你最终都会到达山顶公园。

　　在广州海拔最高的麦当劳背后有一片开阔的广场，这里就是山顶公园。山顶公园的石栏边聚满了凭栏远望的人。眼底下是一丛丛的绿，天际线上是白茫茫的、密密麻麻的城市高楼。广场边上有"白云望晚"亭廊，走累的人们纷纷在这里歇脚。等到晚上在这里能看到漂亮的晚霞和城市夜景。喜欢鸟儿的人则迫不及待地走进了鸣春谷，那里是鸟类的天堂，啾啾鸟鸣能让人忘却城市的喧闹。

　　山顶公园有电瓶车穿梭于山上各个主要景点之间。许多人会坐车或步行到达最高峰摩星岭，再从摩星岭下山而去。摩星岭上有一座小公园，公园里有许愿树、许愿桥，还有一条挂满风铃的长廊。长廊里，情侣们在风铃上手写绵绵情话，然后挂起，许上美好的愿望。再往上去是382米高的白云山顶。山顶上竖立着一个锁爱台和一个标志碑，周围是鲜花盛开、绿浪滚滚的山林。游客们激动地忙着拍照留影，一张又一张，乐此不疲。

　　路上有高耸、陡立的石阶，也有缓缓延伸的沥青马路。山路上浓密的树荫可驱散些暑气。山边不时传来鸟鸣，一个个廊亭与人们擦肩而过，还有梅林、桃园、山谷交替出现。最后在一片小水库的湖光山色中告别白云山，走出广州城市背后的绿野。就在走出山林的最后路程里，还有许多人络绎不绝地前来与这片绿林"亲密接触"，一拨又一拨，白云山从没远离过广州人的生活。

云溪生态公园
白云山下的亲水乐园

爬完白云山的广州人按惯例来到云溪生态公园,不过他们不是来逛公园的,只是在门前的茶座喝茶聊天。对于广州的本地人来说,云溪生态公园是白云山的一个极好补充。在这里不必像爬白云山那样气喘吁吁,反倒多了许多温柔的体验,是休养的好去处。

生态公园可以说是紧紧依偎着白云山而建,公园里甚至有山路通往白云山山顶。公园本身爬上爬下的山路不多,基本保持在同一个海拔高度。公园里最"突出"的是叠水园。

它就在公园入口处，有宽阔的亲水平台。叠水在平台边静静流淌，一座石拱桥雄伟地跨在水面上。湖水并不是处在同一个平面，而是高低错落地叠上去，因此有了"叠水"的美名。在桥上可以看到一块块硬石横隔水系，两边青草遍地，水杉参天，一片水木交融的景色。

湖光山色间还点缀着许多廊亭建筑，其中有几个被开辟成了茶座。无论是门口绿树底下的茶座，还是浮在水面上正对湖光的茶座，都是广州人喜欢的休憩地。茶座是公园里唯一热闹的地方，只要离开茶座，周围立刻安静下来，只有鸟鸣和蛙声相伴。

除了茶客，鸟类摄影爱好者也是公园的常客。他们都扛着"长枪"游走在公园，但凡发现鸟窝就会扎堆守候，直到夜幕快降临时摄影者才会离去。

公园里还有荷花池和果园，那是夏季最值得一去的地方。婷婷粉花和硕硕果实是夏季里最美的景色。

云溪的美不仅在园里。当你走出公园，别忘了去对面的天桥走走。这座弧线优美、对称而上的天桥几乎被绿色紧紧包围着，号称绿色天桥。天桥一边是现代化的体育场馆，一边是云溪生态公园的入口。公园入口花团锦簇，高高矮矮的各色树木分列两边，大红的灯笼挂满枝头。中间的大门是颇具现代感的半椭圆形，门后是高低起伏的山林。这扇大门可谓是广州最美的公园大门，如果不去生态园，也可以到这里看一看。

麓湖公园

城市里的环湖路

  麓湖是广州市区最大的湖泊之一。它像一枚翡翠般镶嵌在白云山下。麓湖被青山、绿地包围着,一条平整的公路环绕着它。在这里骑单车环行或者随意漫步都是极惬意的活动。

  伴着层层湖波,麓湖上闪烁着点点金光。湖边的小路上年轻人骑着车轻松前行;大人们带着孩子探访南面的儿童乐园,有趣的乐园里传来孩子欢乐的笑声。麓湖路在一片绿色中穿行,路边绿地被各式各样的亭子、长廊点缀着,就连湖里的水闸也做成了圆形的亭子

形状。老人们在亭子里休息,有的打起拳,有的舞起剑。湖岸上一根根钓竿安静地伸入湖里,不远处观麓亭上的游客正眺望湖面。对面湖上,有着白色墙砖和茶色玻璃覆面的麓鸣酒家最为显眼。边上黄色琉璃瓦下是有着中国特色的跨湖廊桥。再往上看,山上一座宝塔居高临下。一塔、一桥、一楼、一湖组成的麓湖美景让人流连。

湖的东北面,一座青石铺就的低矮的桥跨过湖面,湖上喷泉开出3朵"白花"。与石桥相连的是曲折的木栈道,通向星海园。这里埋葬着冼星海的遗骨,还建有纪念馆、纪念碑等纪念这位音乐家的建筑。在星海园的背后是隆起的小山,山下是聚芳园,是麓湖公园的园中园。高档、漂亮的餐厅在草坪、绿树中若隐若现,对面是横跨湖面的廊桥,山顶上是傲视麓湖的五层宝塔,这里的风景堪称湖边一绝。

以前麓湖公园是广州人最喜欢的烧烤场地之一。随着公园改造升级,烧烤场地被拆除,公园再也见不到青烟缭绕的场面。虽然很多人怀念昔日在青山绿水中烧烤的日子,但一个更干净的麓湖更适合现在的广州。

广州雕塑公园

逛公园看雕塑

  在广州众多的公园中,雕塑公园无疑是很特别的一个。因为在别的公园,雕塑一般只作为点缀布置,而在这里,雕塑成了主角。

  雕塑公园从大门开始就凸显着不一样的艺术气质。硕大的5根花岗岩巨柱前前后后地立在门口,柱子上浮雕式地雕刻着文字符号和图案,象征着中华上下五千年的文化历史。

柱子间以上下曲折的铁栏杆相连，和边上的花岗岩一同构筑了公园大气的大门。

门里是一个新月形的广场，广场中间有一个喷水池，突然喷涌而出的水柱常常把孩子们逗乐。水池后是逐级而上的台阶，台阶上沿弧线分列着雕塑作品。这里是公园雕塑欣赏之旅的起点。

穿过广场，高大的棕榈树带来热带森林的风情。就在茂密的灌木丛中，一头牛和一只熊顶上了！当然，这也是雕塑。这里的雕塑和绿地配合得很好，和谐地呈现在人们面前。例如，"遛狗的姑娘"恰好"走"在公园小道旁，而"鲁迅"则端正地"站"在松柏前、青草上。

再往里走，一条广州风情街让人忍不住为之驻足。街上的雕塑是旧时南粤羊城荔湾人衣、食、住、行的生活写照。不时有老人带着孩子看雕塑，细数过去的美好回忆。街道穿

梭在公园的湖泊中。湖泊边上既有样式中规中矩的中国式亭台，也有造型别致的雕塑馆。在湖泊的后边有一块大草坪，草坪内外也都是雕塑，草坪中"万马奔腾"的大型雕塑群尤其让人印象深刻。

草坪往东是逐渐上升的山坡。山坡上修筑着廊亭，当然也铺陈着各种雕塑。最大的雕塑是"古城辉煌"和"南州风采"。前者像一座小城堡，城堡中央赫然出现 4 个巨人，他们扛起了一枚金印，让人不由得想起广州的历史岁月；"南州风采"则是浮雕，描绘的是海上丝绸之路，这座浮雕有 100 多米长，气势着实逼人。

这两座雕塑是山上最值得一看的。在雕塑公园漫无目的地游走，直到一座打动你的雕塑突然跃入视野再停下细细观赏吧，意外的美才是最好的。

广州,这座城

广州兰圃
闹市里的兰花仙子

广州的大北立交桥靠近火车站,是广州最繁忙的高架立交桥之一,这里车来车往,似乎从不停歇。就在吵闹的车流边,有一扇具有岭南特色的趟栊门低调地开着,大门上写着"广州兰圃"4个大字。

和喧闹、躁动的高架桥相比,大门里是一片让人意外的净土。这个从荒地发展而来的花圃是兰花的世界。喜欢赏兰的人到了这里恍如进入天堂。在兰圃的东区种植着数以万计的兰花,其中不乏大荷花素、大凤尾素等稀有品种。园里搭起了暖棚,棚下栽种地生兰。

每到花开时节，棚里姹紫嫣红，高低错落的兰花把暖棚渲染得分外妖娆。暖棚外的兰花则搭配着园林景色，让这里宛如仙境。

园林也是兰圃的一大特色。可以说人们一走进兰圃，就能强烈地感受到中国南方传统园林的魅力。园里细水长流，小桥、长亭点缀其中。园林层次错落，高低有致，耳边传来鸟啼、蛙鸣，游览其间，可谓乐哉。

在这兰花园林里最美的事还是品茗。小小的园子里有好几个茶楼，茶楼依偎着小池，白墙、金瓦在小池中投下倒影，廊下几个客人舒服地坐在明代风格的木椅上，仿佛一幅水墨画。

这就是兰圃，它像幽兰一样躲在喧嚣的城市中，用小桥流水构建起一片兰花天地。在园林中，兰花悄然绽放，幽香飘散，洗去尘世纷扰。

越秀公园
名胜古迹扎堆的公园

从地铁越秀公园站出来,很多人都朝一个方向前进。他们十有八九都是去越秀公园的。

越秀公园的主体是越秀山。自古以来越秀山就是广州城最重要的一座小山丘,它几乎代表了广州。它是广州的风水宝地,早在南越王时期这里就造了越王台,是当时登高祭祀、歌舞游乐的重要场所。在后来的历朝历代,这里都是一个著名景区,是"羊城八景"之一。孙中山先生在世时就想把它改建成公园,这个愿望直到中华人民共和国成立后才实现。

现在的越秀公园依托越秀山的山水风景,以树林和湖泊构建起公园的自然生态环境。湖泊分成3块,大小不一,静静的湖面上总有几只小舟划过。榕树下停泊着黄色的船只,它们围成一条弧线,在一片绿色里特别耀眼。拾级而上,亭台在曲折的山路上不时出现。每一个广场、廊亭里都有休闲的老人,他们打拳、跳舞、唱歌,好不热闹。

山上山下的风景虽是极美的,但丰富的古迹和新建的游园设施才是这里真正的亮点。在山路上走着走着就能看见突兀排布的大砖块,其实那是炮台的遗迹。明朝末代皇帝绍武帝的墓也建在这里。往来明朝的韩国人还带来了韩式的木结构古建筑,在山上搭建了韩式古典园林,如今也成了一道风景。

清朝的牌坊、楼、城墙和民国时期的纪念碑、墓碑散落在公园的南面,而最吸引外来游客的还是五羊石像,一进公园就看到有人打听它在哪儿,它已经成为广州的标志性雕塑。

走在公园里,越秀山的历史会慢慢地走近你,从南越王到孙中山,诸多名人都在这里留下过踪迹。公园里也有新潮的乐园:山谷里的游乐场里有刺激的游乐设施;剧场里有现场表演;花苑里繁花似锦,山坡上小白羊雕塑乖巧地"觅食";小鹿广场背后老人们在乒乓室和滚球场里休闲运动;山下成语寓言园里小朋友们通过形象的雕塑学习成语。

在古老遗迹背后,公园已经成为一个综合性游乐胜地,也成为广州市区最大的综合性公园。

广州，这座城

镇海楼
广州人的五层楼

在越秀公园小蟠龙冈上有一座红色的五层楼，那是越秀山下最耀眼的建筑，是每个广州人心中最高的"五层楼"，它叫镇海楼。

镇海楼紧挨着越秀公园，准确地说可以算作越秀公园的一部分。然而游客绝对有理由把它单独抽出来好好欣赏。

这座全国重点文物建筑的历史可以追溯到明洪武年间。当时广州城扩建，一直扩到越秀山下。城墙修到了越秀山，建起了高层建筑。这个高层建筑也就是今天的镇海楼，不过

当时名为"望海楼",很显然,这座高楼当时在广州是登高望远的好地方。

镇海楼屡屡被毁,但它被毁后必被修复,于是在广州的历史长河中,这座楼长时间占据第一高楼的位置。此外,镇海楼有相当长的一段时间都是对公众开放的,因此成为广州人登高的首选地,广州人亲切地叫它"五层楼"。中华人民共和国成立后,镇海楼改建为广州博物馆,更是吸引了无数游客造访。

今天的五层楼沿袭了明代的规格。在门口仰望,整座楼几乎都是朱红色的,只有五层复檐的琉璃瓦是绿色的。大红大绿的搭配恐怕也只有在传统中国风格的建筑中才能得见。镇海楼从下往上略微收窄,呈不明显的梯形。每层楼都有数根圆柱支撑,柱子顶端还有榫卯结构。最高的屋顶上装饰着石湾鳌鱼花脊,带有浓烈的岭南风格。

镇海楼下的长廊放置着历代碑刻,还有12座威风凛凛的古炮台陪在旁边,彰显着镇海楼悠久的历史。更有趣的是,另一边空地上出现了已经被淘汰的巨龙公交车和老式车站,在这里,老广东人肯定能回忆起一番"公交往事"。

更多的往事藏在镇海楼里。楼里是广州历史陈列室,沿着老楼中间的楼梯拾级而上,广东历史也走到眼前。从古陶、瓷器到海船,再到西洋钟,一条广东发展的历史脉络清晰可见。

人们登上这座楼,赏着历史古物。登上镇海楼一定要和古人一样远眺,但眼前风景已经沧海桑田,珠江边上高楼林立,许多广州城里的古迹已经淹没在了钢筋丛林里,令人不胜唏嘘。

广州，这座城

古城墙
青砖铺就的历史

在青砖搭建的宽阔平台上，陈师傅迈着轻快的步伐，他正在教身边的阿姨跳探戈。不仅是他，他的周围都是跳拉丁、跳华尔兹的男男女女。他们灵动的身影边正是越秀山下岿然不动的古城墙。

广州的古城墙并非被层层保护的遗迹，它是越秀公园的一部分，活生生地存在于市民的生活中。这道古城墙建于明朝洪武年间。此时的广州城市向北扩展，旧城逼近越秀山下。山下青砖连绵，形成一道城墙，今日的镇海楼就是城墙最高处的建筑物。

镇海楼绝不是当时城墙上唯一的亮点。根据地方志记载,"周长三千七百九十六丈、高二丈"的城墙上有城门、城楼、敌楼、警铺等,每隔20丈有台阶上下。不过今天,人们所能见到的古城墙分东、中、西3段,全长1 137米。除了镇海楼之外,所见古城墙高不过10米,高高低低的砖墙更似一片残垣,传说中的各种建筑物也不见踪影。但这里依旧是少数值得探访,并能真正触摸到广州城历史的地方之一。

从威武的镇海楼走下去,铺满黄叶的沥青马路之上、绿色树丛之间露出质朴简单的青砖。登上石阶,城墙下新建起广场,廊亭之外有老人休闲端坐,也有舞者迈着漂亮的舞步翩翩起舞。

抬眼看城墙,生长力旺盛的榕树居然盘踞在城墙的垂直立面上。当年挡住千军万马的城墙被这柔软的植物征服了,榕树粗壮的根系密密麻麻虬结在灰色的墙壁上,曲折的树枝和茂盛的树叶在墙外伸展开来。稍有风吹草动,便有树叶从墙上掉落在广场上,聊天的老人们就在铺满落叶的地上坐着。

城墙一路延伸到山脚下。山脚处,一眼能看出有新建的部分城墙。新城墙平整、光洁,墙砖呈亮灰色;边上的老城墙则有不规则的破损处,老砖被几百年的雨水和湿气浸润,长了青苔的是明绿色,没有被青苔覆盖的是藏青色或墨色。

在新旧城墙之间的这短短的一段路,游人走过只需短短的十几分钟,而广州城已经用了600多年。

广州，这座城

和目咖啡
适合带上相机去的咖啡馆

喜欢拍照的张小姐最喜欢带上闺蜜探访和目咖啡，倒不是因为他家咖啡有多特别，而是打心底喜欢咖啡馆屋里屋外的小景致。

这家许多人心中"外景地"级别的咖啡馆坐落在一条小巷子里。巷子外车来车往，巷子里却安静宜人。午后的微风轻轻将树叶吹落在地上，踩着落叶经过两家酒店，巷子尽头103号便是和目咖啡。

广州也有好山川

　　玻璃窗外一团团鲜花绽放，和头顶的绿色组合成一个"秘密花园"。敞开的窗台前，手里拿着烟的漂亮姑娘和漂亮的老板娘亲切地聊着。木框大门里更是一片"森系"打扮：枯树竖立在墙角；墙上漂亮的树干成了挂架，底下挂着冒着绿意的小植物；木柜子上摆满了盆栽。店里的家具几乎都是原木的，连摆设也多与草木相关，一股文艺气息弥漫在小小的店里。店里的许多女孩子都带着相机，她们在店里店外忙着取景拍照。

　　拍完了照，进屋坐在对着街面的窗口位子上。阳光毫无遮拦地洒下，姑娘们兴奋地浏览刚拍的图片。渴了，她们就喝一口冰咖啡，清爽的冰咖啡一下就拂去夏日的燥热。再来一片金灿灿的焦糖吐司，焦黄的吐司伴着香滑的奶油和醇美坚果入口，浓香满满。阳光下玻璃杯里的咖啡有着丝滑的质感，一边的吐司则暖暖地发光，边上是一排快乐的姑娘，咖啡馆的美景让人陶醉。

多少故事
老街中

往事如烟,有多少故事已湮没在历史长河里？踏在老城充满记忆的街道上,探访安静的古老建筑,甚至在喧嚣的闹市中,记忆里的点滴又回到了眼前。也许还能像以前的东山少爷那样从别墅大院中走出,来到西关的小姐面前说上几句悄悄话。

广州，这座城

东山少年古迹中

广州的故事大概要从南越王说起。那个曾经向中原叫板的藩王静静地躺在象岗山的尘土里,小小的墓穴里埋藏着广东千年脉络的源头。

光孝寺里残存的铁塔、菩提树下的石塔、或坐或立的佛像,伴随着袅绕飘荡的诵经声,诉说着古城的历史。

菩提树遮蔽着商业街道,树下繁华的商业街闪烁着七彩的灯光,照亮了人们前进的步伐。历史悠久的老骑楼里也有了新奇的商业形态。一边是老商铺里的老画框,一边是"欧洲穹顶"下的后现代艺术。更怀旧的坚持则在文明路、文明巷。破旧拱门下,贩卖粥粉面的路边摊搭配冷清的旧书店,这是对广州街市文化最好的素描。

吃一口老街的牛三星,再到肃穆的烈士陵园祭拜。能够吃到今天的美味,我们也要感谢这些为革命献身的烈士。就在烈士陵园边上,漂亮的洋楼里藏着星巴克的咖啡店,饮者们聚集在身着黑衣的咖啡师身旁,品味着醇香的咖啡。

在民国别墅群的阳台上吹着潮湿的风,仿佛岁月又回到了那个富贾与权贵辈出的年代。只可惜当年的"少爷"们早已远去,他们的后代躲在小小的咖啡吧里守候自己的 份小小的幸福。

广州，这座城

西汉南越王博物馆
千年越王今又来

20世纪80年代时，一次偶然的施工让沉睡千年的南越王赵眜重新与世人见面。这是广州历史上最重要的一次考古发现。

南越国曾是西汉时广东一带强大的政权，一度可以和汉朝分庭抗礼。被发掘的南越王墓的主人是南越的第二代君王赵眜，和尸骨一起出土的南越文帝印玺说明了他的身份。

1988年，考古工作结束时，在象岗山上，一座雄伟的暗红色建筑依山而起，那就是西汉南越王博物馆。时至今日，它依然是解放北路上最引人注目的建筑。

这座红色、对称的混凝土建筑有着古朴、深沉的外貌。外墙仿照南越王墓使用红砂岩的形式，也都铺上了这种红色、粗糙的石头。屋顶覆盖的镜面斗形倒是让人想起卢浮宫前那个著名的"金字塔"，但实际上这对应的是汉代帝王墓斗形封土的习惯。

踏进博物馆，你会发现这座奇妙的建筑是围绕着南越王的墓室建造的，狭小的墓室就在建筑的正中间。构建完整的墓室被复原，人们佝偻着身躯踏进矮小狭长的墓穴，然而转一圈却发现这里早已空空如也。

一万余件随葬品早已搬去博物馆的陈列室展出。穿过回廊，人们可以前往陈列室。从小小的皇帝印玺到与人等高的丝缕玉衣，一件件尘封千年的古老文物带人们走进南越帝王的历史中。

除了南越王的墓葬品，博物馆内还有规模较大的瓷枕展览。另外在建筑的室外部分有一个炮台，在这里可以登高眺望。

光孝寺

唐宋遗风光孝寺中

在光孝路北面尽头是一个丁字路口。这里的树木长得茂盛又低矮，低低地覆盖着路口。安静的街道上人不多，其中许多人都径直走向路尽头的山门。山门里就是光孝寺。

光孝寺是广州最重要的寺庙之一。它历史悠久，命运浮沉颇为波折。最初它是南越王的故宅，三国时东吴的经学家虞翻谪居在此。虞翻的后人舍宅为寺，开启了它作为名寺的历史。从东晋到南宋，寺庙多次更名，到南宋绍兴二十一年（1151年）才有了"光孝寺"

这个名字。从清朝开始寺庙走上了"办学"的道路。清朝初期光孝寺做过贡院,后期成了小学、中学;民国时光孝寺先后被用作法官学校、警监学校、艺专学校;中华人民共和国成立后,华南文艺学院、华南歌舞团又先后入驻。直到20世纪80年代它才恢复了寺庙的身份。

光孝寺给广州留下了众多故事和遗迹,是广州难得的古建筑群,黑色屋檐之下唐宋遗风犹存。游人络绎不绝,延续着古寺的香火。山门里的殿宇有的用乌瓦盖顶,有的用闪着金光的黄色琉璃瓦,展现着不同时期中国建筑不同风格的美。中轴线上的大雄宝殿是主体建筑,建于东晋。殿前大片的百合花盛开,香气逼人,其灿烂绽放的气势令人印象深刻。大殿前香火很旺盛,香客在巨大的香炉前忙着四面朝拜。大雄宝殿东西两侧分别有钟鼓楼,两层的黑瓦木楼古风犹存。楼底开辟了诵经室,信徒端坐其中,虔诚地吟诵经文,坐不下的话,则会在屋外倚着石栏念诵经文。因此,这里有着一派佛家净地的清心气氛。

在中轴线偏侧坐落着许多偏居,这些偏居的建筑内外藏着很多遗迹。睡佛殿里有缅甸白玉雕成的卧佛;风幡阁里有元、明时期的石像雕刻和石碑,还有表现六祖在光孝寺"风幡论辩"和达摩东渡事迹的壁画。另一边,漂亮圆顶亭子里六祖洗钵的泉井和放生池维护

得极好，一尘不染。圆亭子背后一排由皇帝题写的石碑则表明了寺庙不凡的地位。光孝寺现代化的素餐厅也装潢得很体面，俨然是一个高级的餐厅，为来访者献上美味的素斋。

  为纪念禅宗六祖慧能大师，另一处空地专门建了六祖堂。六祖堂前空地上立着古老的瘗发塔。这座小石塔有7层高，每层有8个角。塔身外墙已经斑驳，整体透出淡淡的暗红色，每层都清晰可见佛龛和里面精美的造像。塔里藏着六祖削发受戒时留下的头发，塔边有古老的菩提树相伴。苍劲的老菩提树撑开一片绿色给古塔遮阳，这里也是寺庙里最漂亮的一角。

  再多走几步，会看到南汉时期断了半截的大铁塔矗立在专门搭的亭子中。塔上的裂纹边排布着密密麻麻的佛陀造像，虽然风雨侵蚀后模样有些模糊了，但仍能看出当年工匠的巧工。铁塔外香火兴盛，许多人依旧相信古老的残塔有着非比寻常的"仙气"。其实铁塔有一对，除了这个，另一个在东边的破屋中。屋子虽破，铁塔却完好。只不过可能为了保护它，屋子大门紧闭。趴在窗口张望，你会发现它依旧不失雄壮的气魄，它和其他众多的古迹一起串联出了古寺的历史脉络。从铁塔到石塔，从家宅到寺庙再到学校，从泉井到古碑，都化作守在大雄宝殿外虔诚的身影，向历史朝拜。

多少故事老街中

歌莉娅 225
热闹街头的文艺空间

在人头攒动的北京路商业区里，要找一个安静的角落总是很难。而坐落在街头拐角处的歌莉娅 225 概念会所却以一种别出心裁的姿态吸引了过往的行人。在这里能找到与北京路氛围格格不入的文艺腔调和安静私密空间。

北京路 225 号，在街头的大拐角处，骑楼长廊天花板上浮现歌莉娅巨大的 Logo，如楼外竖立的大招牌一样引人注目。骑楼的玻璃窗里，鲜花盛开，干花点缀，身着洋装的木

43

头模特坐着看风景,大大的玩偶熊倚靠着新奇的摆设,处处散发着文艺气息。踏上旋转的木楼梯,一扇扇彩色玻璃窗、一幅幅艺术画作、一件件新奇的摆设在楼梯上与人们相遇。拍照的游客把狭窄的楼梯都挤满了。

相比之下,楼梯旁的服装店倒是宽敞、亮丽,不过似乎人们对在有趣的楼梯上拍照更感兴趣。或者直奔顶楼的餐吧,这是一个颇为隐秘的空间。地上的花色瓷砖体现了老房子应有的艺术品位,亮丽的贴片装饰则是新主人对它的全新诠释。这里有广州少见的素食早午餐,也有不错的咖啡饮品。室外还有一个小阳台,在这里,视线可以穿过曲折生长的绿色植物投射到喧闹的北京路上。一边是人潮涌动的商业街,一边是藏在老楼里的安静阳台——这个空间让北京路也有了些许安静的文艺气质。

北京路步行街

灯火通明不夜天

在经济发达的广州，商业街多如牛毛，其中步行街也不少，但最有人气、最热闹的恐怕还是北京路步行街。

北京路步行街是广州人最喜欢逛的商业街之一。它历史悠久，在广州城市中心东移之前，这里是绝对的商业中心。甚至可以说，自打有了广州城，就有了繁华的北京路。几千年来，它一直是广州的中心，这着实罕见。

  现在的北京路繁忙、喧闹依旧。崭新的石板路开阔、平坦、一尘不染，只有些许黄色树叶赶在环卫工人发现前点缀着马路。单边种植的榕树也能给整条路遮阴，行人自由穿梭在榕树和各色招牌底下。这里商场林立，让人眼花缭乱，从百货大楼到品牌服饰旗舰店，再到各种美食铺子，应有尽有。

  这里的商场都是骑楼建筑，虽然年代感十足，却别有韵味。大部分建筑至多也就四五层楼高，底下都有廊，有的带有 20 世纪初的装饰，有的外立面则被改造成了现代化的玻璃幕墙。外墙上隔几米必有一个大招牌。门面超大的旗舰店更是会打出醒目的户外广告牌，目的只是让人知道它店里正在打折。大小招牌到了晚上都会被霓虹灯、LED 灯照亮。再加上大小店铺内的灯和路灯，整条街灯火通明。

  与北京路交错的美食街也深受广州人的喜爱。每天这里食客的队伍排成长龙，只为了那一口最爱的美食。从正宗广式茶点到街头鱼蛋粉、泰国咖喱、小龙虾、湖南臭豆腐，五

花八门的美食在这里聚集。与香气扑鼻的美食街相映成趣的是，商业街里还有一个书店和文具店集中的文化街区。小朋友们游走在新华书店和青年文化宫间，有时也会拉上父母逛文具店。年青一代更喜欢洋气、时髦的联合书店。文艺的环境，可口的咖啡，能让人待上半天。走出书店的情侣们可以直奔电影院享受轻松的娱乐时光。

　　北京路的步行道上也不尽是平坦路面。就在街道的中间有一排隆起的玻璃罩，玻璃罩上有飘落的榕树叶子。大人抱起孩子，让孩子趴在玻璃罩上向里张望。玻璃罩里是古朴的路面，有的是砖铺的，有的索性是沙土路。路面上放着牌子，牌子上写着"宋代路面"。这里是21世纪初才发掘出的千年古道遗址，其中有5个朝代的11层路面和宋代拱北楼基址。就在北京路商业街的不夜天下，古老的道路和城基静静沉睡着。上千年的繁华似乎从未离开过这里，年复一年地等待着初上的华灯和汹涌的人潮。

广州，这座城

大佛寺
闹市中的香火

　　穿过人民路上热闹的街市，在攒动的人流尽头突然出现了一座与众不同的建筑。它有6层楼高，外立面上满是金光闪闪的重檐。建筑底下包围着一圈绿瓦红墙，大门上悬挂着"大佛古寺"的牌匾。

　　被包围在北京路商业区的高楼中，古色古香的大佛寺是一个另类的存在。这座从南汉时就存在于此的古庙，历经风雨至今仍然香火不断，它也是北京路的一个传奇。从南汉时

起大佛寺就是广州最主要的佛家丛林。现在寺庙承袭明清时的格局,当时建庙时仿了京师宫庙制,同时又极具岭南风格。

这座寺庙令人印象最深的是佛家的清净与庙外北京路的喧闹形成的鲜明反差。大雄宝殿之后的大殿似乎为了节省空间建成了6层楼高的"中式庙宇",这也让人大开眼界。

香客们每次都要穿过喧闹的商业街,才能走进这座寺庙。香客们一个殿宇一个殿宇地行走拜访,最后还要爬楼梯逐级而上。高楼庙宇里常有各种展览,寺庙里还专门设立了大佛寺图书馆。大佛寺在民国时就设有阅经社,用来弘扬佛法,曾深得孙中山的赞许,这个图书馆正是对以往阅经社的继承和发展。这是广东第一家面向社会开放的现代化佛教图书馆,在中国恐怕很少能见到这么大规模的佛教图书馆了。图书馆的视听室还具备试听、念佛、坐禅等功能。图书馆已经成为广州佛教修学、佛法交流的重要场所,在商业气息浓重的北京路上也算是一道与众不同的风景线。

广州，这座城

文德路字画街
广州文脉第一街

说起文德路，广州的"文化人"一定很熟悉。这条南北走向的道路是广州历史最悠久的文化街，和北京琉璃厂、上海城隍庙、南京夫子庙齐名，以繁盛的文化商业出名。

其实文德路的文化传承可以追溯到宋代。在南汉留下的王宫废墟上，宋代朝廷建起了广府学宫，此后历代不断扩建，到了清代已经是"岭南第一儒林"。文德路的文脉就从学

宫开始，后来因为贡院也坐落于此，求仕的读书人聚集于此，因而催发了文德路文化商业的繁荣。到18世纪，中外画作贸易兴起，广州成为这种贸易画作最主要的销售地，于是文德路上的画室逐渐兴盛起来。

今天的文德路作为"文化第一街"，更大程度上沿袭了"外销画"一条街的传统，是名副其实的字画街。骑楼的立柱里，商铺贩卖的十有八九是各种书画作品，其中包括中国画、油画、书法、海报、灯箱画等。除画作之外，画笔、颜料、画框等绘画用品是另一大销售主力军。大大小小的木框塞满了骑楼的商铺，让人眼花缭乱。还有一小部分店铺则贩卖真假难辨的文玩。许多店铺的老板也是风雅之士，时不时摊开画纸画上几笔；来逛的人中也不乏书画高手，兴之所至也会在现场挥毫泼墨。

据统计，文德路上古玩字画店有300多家，其中大部分都是经营了几十年的老铺。几十家铺子挤在一起的文德文化城就是这种老广州文化市场的典型代表——低矮的店堂、杂乱的陈列、无处不在的白炽灯、迂回曲折的走廊……商场里到处都是广州的文化气息。然

而就在对面,新建的东方文德广场却已然是另一副现代化的模样。宽敞的大堂里,阳光从玻璃穹顶射下,优雅的拱券、装饰精美的立柱、巧妙延展的空间设计给人们带来美的视觉享受。精美的橱窗代替了20世纪古板的牌匾招牌,小巧精致的店堂传递着当代的设计理念和美学追求,高雅的独立书店有着纯文学的风骨,就连星巴克也不得不用上风格不凡的大幅装饰画以配合整个广场的气质。广场外露天的绘画班吸引着大小朋友前来创作。大堂里大人们坐在遮阳伞下品尝咖啡,小朋友们在宽敞的地面上奔跑、嬉闹。他们的脚下是一幅广州古城的地图。

东方文德广场不远处是著名的孙中山文献馆,现在是中山图书馆的分馆。这里既能欣赏到优雅的民国建筑,又是孩子们的阅读天堂。这个针对青少年设立的图书馆充满了童趣,在丰富多彩的图书世界和漂亮的老房子里,到处都是孩子们欢快的身影。经过文献馆继续走,文德路的尽头是南越王宫博物馆。古老的王宫和有着深厚历史积淀的博物馆,给这次广州文脉之旅画上了完美的句号。

浩天书店

守候旧时光的老书店

走过古老的文明路，破败的骑楼下，时光不动声色地流淌。时光流淌到文德六巷，定格在浩天书店。文德六巷破旧的门坊下，街坊邻居们吃着粥粉面，边上的立柱上用繁体字写着"旧书店"。看到此情此景，你就知道浩天书店到了。

穿过门坊，在巷子口的左侧就是历史悠久的浩天书店。一个贴着瓷砖的过道高出地面，过道上就是书店的大门。书店的外墙贴满了旧照片和旧书画，和同样古朴的瓷砖一起形成

了一股强烈的怀旧气息。轻风吹过,木板上排列整齐的小人书迎风翻动,桌上的红色风车呼呼飞转,颇有几分侯孝贤电影场景中的味道。

大门里是20平方米左右的店面。门口中间放着一张藤椅,戴一副圆眼镜的老板正在整理旧书。放眼望去书店里全是旧物:靠墙的书架上是旧书,其中许多是泛黄、破损严重的老书;天花板上贴着许多富有年代感的照片和宣传画。最有趣的是,旧幻灯片在房顶悬着,透过日光灯的白光正好能看清上面的内容。房间中间还纵向放着两排低矮的书架,除了书,还有旧粮票、旧明信片、旧钞票、旧报纸混杂堆放着。

浩天书店更像是一个旧货摊。书架正中的旧钟还坚持走着,悬挂着的手风琴不知道还能不能演奏,黑漆漆的转盘式电话彻底把人们带入时光隧道。老板勤奋地整理着书本,他的妻子在一旁给予肯定:"你理才好,要不然我都不知道怎么弄。"过去老板娘有其他工作,兼职来帮忙,老板一个人支撑这家店,一忙就是20多年。现在浩天书店已经是广州知名的独立书店,夫妻俩全职在店里看铺子。常有慕名而来的客人,当客人举起相机时,老板总是会提醒,消费了才能拍照。就算是这么小的铺子,依旧有不小的房租压力,书店挣不了大钱,虽然挣得一些名气,但还是要精打细算地过下去。遇见有兴趣的客人,老板娘会极力推荐介绍广州独立书店的书。书的封面用的就是浩天书店的内景,她说,不久的将来,浩天书店要专门给自己出一本书,也算是给这操劳的20多年做一次总结。

离开书店前不妨带走一张浩天书店的明信片,明信片上是漫画版的书店。老板的样子没变,书店的样子也还是那样又旧又乱,在这里,时光好像都停止了一般。

广州起义烈士陵园

肃穆公园里的革命记忆

在午后炽热的阳光下,一群少先队员走进了安静的陵园。长长的甬道尽头,少先队员献上了鲜艳的花圈。这是广州起义烈士陵园里最常见的场景之一。

1927年12月11日,中国共产党广东省委书记张太雷以及叶挺、叶剑英、苏兆征、聂荣臻、徐向前等领导发动了广州起义。在国民党反动派的残酷镇压下,起义持续3天后

以失败告终,14日至19日4天时间里有5 700多名共产党员和人民群众惨遭迫害。当时部分烈士被葬在红花岗。中华人民共和国成立后,人民政府就在红花岗建立烈士陵园来纪念这次起义。

20世纪50年代建成的这座陵园,具有浓烈的民族特色,建成之后便成了广州最重要的红色景点之一,也是广州重点文物保护单位。

烈士陵园坐北朝南。陵园正门特别开阔,两座黄色琉璃瓦顶装饰的石阙分列两边。中间是五开间的朱色大铁门,门前还有一个大草坪。大门里是长长的甬道。宽阔的大道旁有一座座花坛,红花和绿叶搭配着,简洁而美观。花坛边的树木被修剪成圆润的宝塔形,一棵棵紧挨着守护着墓园。

花岗岩大道尽头是高高耸立的广州起义纪念碑和碑下圆形的墓冢,中间有岔道通往辛亥革命红花岗四烈士墓。瞻仰四烈士墓需要拾级而上,阶梯并不高,几步路就到。台阶上,一个老人坐着休息,这里偶尔才有游人踏足,因此格外清净。墓前竖立着简单的石牌坊。牌坊上的字雕刻细腻,笔力雄浑。墓上覆盖着花岗岩,正中书写着四烈士的名字。

大约百米之外就是广州起义的纪念碑和墓地。纪念碑是一只大手擎着一支竖起的步枪

的形象。纪念碑下游人明显多了很多，常有中小学生来这里祭拜、瞻仰，纪念碑基座上常摆着祭拜的花圈。纪念碑后便是墓冢，墓冢上长满青草，像一个绿色的小山包。墓正中是塑有五角星的铁门，四周环绕着水泥墙壁，墙上每隔几米就有一个小石狮子。

如果对广州起义和广东革命感兴趣，可以漫步到西侧的广东革命历史博物馆，途中还能看看叶剑英同志纪念碑和广州起义领导人雕像纪念广场。博物馆原址是广东咨议局，楼宇是环廊回绕的两层圆顶礼堂式建筑。建筑精美，带有欧式风格，前面还有小桥流水相伴。这座建筑在广东革命历史中有着重要的地位，辛亥革命后，广东人民就是在这里开会决定反清独立，护法运动中，孙中山也是在这里就任了非常大总统，这里还曾经是国民党的中央党部。博物馆里有1万多件文物、2万多张照片，陈列介绍了从鸦片战争到解放战争期间的广东革命历史。

与墓地和博物馆组成的陵园东翼不同，湖泊、亭桥组成的陵园的西翼更像是为市民休闲而建的公园。湖泊上高高立起血祭轩辕亭，绿色的迂回屋脊和黄色的琉璃瓦是陵园东翼最显眼的风景。站在亭下可以眺望陵园，不远处是雄伟的中朝人民血谊亭，长长的步道上满是散步的游人，湖上还有人荡起一只只小船……东翼的陵园呈现出欢快的游园气氛。

风味馆
牛三星的广州风味

在越秀南路的路边,风味馆门面平凡得让人一不小心就会错过。门口没什么装饰,只是用红色贴纸贴着"牛三星汤""牛腩粉""牛杂粉"的字样。老板娘坐在门口的柜台边,顾客点了单,她就大喊一声,厨房里厨师听到了就开始工作。整个店堂是狭长形的,两边靠墙位置各摆了一排桌子,别无多余的东西。无论什么时候店里总坐着几个埋头吃东西的客人。

风味馆以牛内脏为特色菜品，牛内脏也是广东地区最重要的食材之一。所谓牛三星就是牛心、牛润（牛肝）、牛腰。来风味馆必点的就是这三样做成的牛三星汤，据说这里是全广州做牛三星汤最好的店。牛三星汤有大、小两种，汤水清香，"三星"满满当当地铺在碗里，汤里还有白色的萝卜块。虽然是牛内脏，但处理得很干净，没有丝毫骚味，咬起来口感顺滑，带着清香。牛三星的汤底清淡，但当你咬开碎萝卜时，就有酸甜的汁水溢出。爽快的酸甜味和清香的牛三星搭配，形成完美的口感层次，让人回味无穷。

　　风味馆菜品不多，除了牛三星之外，牛腩或牛杂粉也是人们常点的美味。尽管最近几年，有老食客抱怨他们菜品的水准下降了，但现在广州传统牛三星店越来越少，这里仍是少数几家能找回传统味道的牛三星店之一，路过时千万不能错过。

星巴克（中山3路 2号店）

在洋楼里像喝啤酒一样喝咖啡

最近两年，国外流行一种冷萃咖啡，即用氮气在咖啡中打出泡沫，样子像是啤酒。现在星巴克把这种咖啡重新包装投向市场，不过并不是在所有的星巴克都能喝到这种咖啡。幸好在广州已经有了一家，大家又多了一个可以拍照发朋友圈的地方。

和写字楼里司空见惯的咖啡店不同，这家店坐落在地铁站出口的一栋老洋房里。这座四层洋楼是东山口一带典型的欧式别墅，过去这里曾经是广州著名的夜店，是年轻、新潮男女的聚集地。

  洋楼四层各有分工。一楼主题为"臻选·时光",是经营精品咖啡和"气致冷萃"咖啡的场所;二楼主题为"咖啡·漫步",说白了就是普通星巴克咖啡的经营场所;三楼叫"聚·会",是供客人随意入座的空间;四楼叫"艺·廊",听上去应该是画廊式的场所,不过平时经常关闭。

  这四层楼里最耀眼的当然是一楼。这里见证了星巴克投身精品咖啡所做的尝试。店内的装饰散发着爵士气质,身着黑色礼服的服务员服务周到、细致,会热情招呼顾客并介绍咖啡豆。彩色玻璃窗投射出彩色的光芒,光芒中间是一个大吧台,吧台中有几名咖啡师在忙碌,霸气的黑鹰咖啡机吐着浓缩咖啡。吧台的木桌上更忙碌,这边在手冲,那边在虹吸,中间的管子里也喷溅着咖啡。吧台上围着一大群顾客,有的人和咖啡师非常熟识,交谈聊天好不热闹。店里有三四种咖啡豆可供选择,但经常断货。

  最值得尝试的当然是"气致冷萃"咖啡。这是一种用氮气打出泡沫的冷萃咖啡,它像鲜酿啤酒一样从一个管子里放出来,外观也和啤酒相似,且盛在啤酒杯里,所以很多人将其描述为"像喝啤酒一样喝咖啡"。初尝时,这种咖啡确实有一般咖啡没有的口感,绵密和顺滑的口感的确有鲜酿啤酒的感觉,不过其后的口感还是更像黑咖啡。

  这里的建筑本身也是吸引人们停留的原因。老洋房处处有着怀旧的美感,楼宇后还有水池、露台。许多人一来就不愿意走了。毕竟这样高规格的星巴克,在全国也只有几家而已。

东山口

东山少爷的文艺之路

"西关小姐,东山少爷。"只此一句便是对老广东的名门望族最贴切的概括。过去,东山是广州的豪宅区,别墅、洋楼鳞次栉比,大富大贵之家在这里聚居。巷子里、街头上随便走出一个少年,十有八九是哪家的少爷,这就有了东山少爷之说。

权贵聚集的东山也并非历来富贵。以前东山是一片郊野,后来九广铁路的建设带动了这一带发展,第二次世界大战后又陆续有华侨回到此地建设洋楼,更有权贵聚居于此,这才有了"贵东山"的说法。

  今天东山口建起了地铁站。一出站,便能瞧见龟岗童话色彩浓郁的洋楼。一条铺着地砖的商业街至今仍繁盛,爬坡而上,坡顶一棵大榕树遮天蔽日,大树背后是花园洋房集中的恤孤院路、新河浦路一带。从汽车站往南、往东,任何一条小路都能勾起人们的回忆。一栋栋老洋房分列两边,鲜艳的花朵从墙内探出,落叶纷纷落下。这里的洋楼多数是别墅建筑,有的前后都有庭院,有的则没有庭院,只有一座简单的矮楼立在街边。没有庭院的独栋别墅多数是用红砖做的外墙,装饰线条简洁利落。别墅大都明显带有西洋民居风格,门廊、立柱、阳台、彩色窗门形态各异,独具美感。有趣的是,洋楼里也点缀着些许"中国风",最常见的就是中式的绿色屋檐。

  这里的街道平时都很安静,大部分走动的都是外来的游客。新河浦边上的中共三大会址是这里最有名的景点,除了能帮你回忆起东山曾经在历史中的重要意义外,也能让你一窥东山洋楼的模样。在迂回穿梭的东山小路上,你会发现许多洋楼已经被文艺场馆和咖啡馆、餐厅占据。现代的商家把新的装饰艺术融进了老建筑里,走进去恍如进入另一个时空,既能在地砖上找到20世纪初的历史遗迹,又能在干花、玩偶等新奇装饰里找到现代的设计风格。

  在东山的街头漫步,时间总是过得很快。在大小洋楼间穿梭游走,好像经历着时空更迭,一个老式的广州和一个新式的广州在这里交错浮现,不知哪一个才是真的广州,更不知迎面走来的耄耋老人是否是当年的翩翩少年。

广州，这座城

梁渣渣咖啡店
咖啡、文身、猫咪

梁渣渣咖啡店坐落在一个安静的社区里的一条安静的街道上，咖啡店也继承了这种气质，有一种淡然、从容的自在感觉。奇妙的是，这样一家安静的、只售卖咖啡饮品的小店居然也能成为"网红"店铺，这着实让人意外。

梁渣渣咖啡店的装饰偏向简单朴素的工业风，最大的亮点是挂在墙上的滑板和装饰画。再看吧台，一个年轻帅气的小伙子正在手冲咖啡。他就是这个店的老板，他姓梁，而渣渣是他养的猫的名字。

说到猫,它们可是咖啡店的"大明星"。5只品种猫在咖啡店里大摇大摆地走着,有时它们慵懒地躺在沙发椅上,有时跳上吧台游走在咖啡杯之间,许多顾客来店里就是为了这几只猫。猫咪倒也大方,任你抚摸,不会发脾气。

老板制作咖啡的手艺是店里的另一大亮点。从意式咖啡到精品咖啡,都得到顾客们的一致好评。而且由于是老板一人打理店铺,精品咖啡的品质保持着相当高的稳定性。令人惊讶的是,老板从未出过广州,几乎就在越秀区长大。这样一家小店,能在竞争激烈的市场中坚持下来,实属不易。

到店里的客人一类是在网上看到推荐,来看猫的,另一类则是真的喜欢咖啡而不断光顾的回头客。这里没有甜品和食物,非常适合只想喝咖啡的人。在吧台坐下,看着老板娴熟的冲泡手法,闻着四溢的咖啡香气,和老板聊聊越秀山下的故事,这也是一份惬意的享受。

带你走进西关,从大路到小巷,总能拾起飘落的榕树叶。

广州，这座城

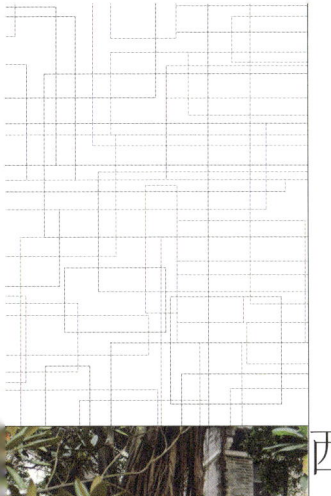

西关有人家

钻进中山路的老骑楼里，阳光在满洲窗上反射出七彩光芒，新老店铺在骑楼下亮出自己的招牌。从骑楼大马路一转弯，几座大木楼出现在都市现代楼宇群中。鲜明的岭南风格、高大的山墙、矗立门前的气派旗杆和宽阔的广场都显示了其不凡的身份，广州千百年来的文脉或许就藏在这片雕梁画栋的岭南建筑群中。

除了文脉，在闹市的屋棚下，广州人的美食文化也从不缺少。一份铁板上划出来的爽滑肠粉，一碗老火中炖出的清粥，是市民们最难舍的牵挂。

再转到荔湾区泮塘路，西关老铺连成排，从糕饼到小吃再到粤菜应有尽有。西关的味道让人回味无穷，荔湾的风景更让人心旷神怡。荔湾湖边，荷花池畔，仁威庙香火鼎盛，似乎在保佑着美丽的湖泊。过去的珠江湿地如今已建成宜人的公园，人们在其中散步，在亭台楼榭间分享快乐时光。湖泊南北，一边是尚在发展中的泮塘村，另一边是别墅林立的富人区，形成鲜明的对比。在富人区兜兜转转，曾经辉煌的西关风情扑面而来。再行至安静的恩宁路，岁月痕迹写在巷子里的麻石上。树荫里的骑楼上，满洲窗又悄悄打开，只是不见了当年西关小姐的倩影。

广州，这座城

中山六路骑楼
落画骑楼车流中

也许你是偶然路过，也许你是专程前来，但不管什么原因，如果到了中山六路，就请放慢脚步看看两边的楼，那是岭南的特色建筑——骑楼。

骑楼在广州本是很主流的建筑。能够遮风挡雨的骑楼非常适合广州多雨和烈日不断的气候。在雨季，宽阔的骑楼能在人行道上撑起一湾"避风港"，让路上的行人不必匆匆躲雨。

可惜这种建筑多数已老旧，在不断发展的城市中也越来越少。能够欣赏它们的地方已经不多了，中山六路就是其中之一。

"老广州"们把这里的建筑称作落画骑楼。没有熙熙攘攘的人流,没有附近商业中心的喧闹,中山六路相对要安静些。一栋栋的骑楼连在一起,一扇扇满洲窗反射着彩色的光芒,漫步在拱券长廊下,竟有回到旧时广州城中的错觉。

骑楼下,旧店、新店共存。老招牌褪了色,新商场却闪着耀眼灯光。偶尔也有一两座高楼突兀地冒出来,玻璃外墙俯视着古老的木格窗户。骑楼是富于变化的,时而像优雅的罗马券廊,时而像庄重的巴洛克建筑,时而又出现一个哥特式的尖顶……二楼、三楼有着更美的风景,彩色的满洲窗反射着七彩的光芒,空空的露台让人好奇当年是否有西关小姐站立其上。有时电线杆、树木都被骑楼包裹住,笔直的水泥柱和曲折的树干恰到好处地从楼里钻出,就像是设计师早早给它们预留了空间。阡陌小巷在这条路上交错,一转弯便仿佛进入另一个世界。小巷中布满小店,树叶遮蔽天空,古老的门坊上垂下的榕树气根,好似一个老人家长长的胡须。

中山六路的骑楼被广州人牵挂着,总有关于它拆迁与否的新闻和争论登上报刊。每次一提到拆迁,骑楼的珍贵就会被人们提起,中山六路也就有惊无险地继续保留着原有的风貌。但人们对落画骑楼总有看一眼少一眼的担忧,所以如果你经过,就放慢脚步再多看它一眼吧。

陈家祠

还原一个最美广州

在充满现代气息的繁华的中山七路上，有一个大广场。广场上竖着一座灰色的三开间的牌坊，牌坊后有4根高大的旧时的旗杆，再往后还有一排古色古香的岭南传统建筑，这排建筑就是陈家祠。它古朴、经典，和周边现代化的环境有着强烈的反差。走近它的人们都会屏息凝神地欣赏它的雕刻、屋脊、绘画，在这座建筑的一砖一瓦中还原旧时的广州。

陈家祠也叫陈家书院，在清光绪年间建成。它不是某一村、某一乡的祠堂，而是由广东72县所有陈姓者集资修建，既是祖宗祠堂，也是陈家的教育基地。集合了72县陈姓者

之力，也就难怪这间祠堂如此壮观。21 世纪以来，陈家祠以"古祠流芳"之名入选"新世纪羊城八景"，被誉为"广州文化名片"。

走进陈家祠，就如同走进了一座岭南文化的宝库。古朴幽雅的庭院里，笔直秀美的连廊间仿佛响起了岭南丝竹之声。建筑的外墙上，高高翘起的屋脊上、一扇扇的木门上、交错的栋梁上，雕刻、绘画、构件……每一件都是值得回味的艺术品，都是让人增长见识的"实体教科书"。就连见多识广的郭沫若也赞这里"果然造世界，胜读十年书"。除了陈家祖先留下的"三塑、三雕、一铸铁"，祠堂还引进了广东全省民间工艺精品进行展示。这些广东民间的艺术精品和书院传统建筑相得益彰，同源的文化让它们好像原本就是在一处似的。

陈家祠曾是陈家办学教书之地。现如今它倒像是另一个学堂——教导人们认识广州传统的美，还人们一个美好而传统的广州。

广州，这座城

源记肠粉店
屋棚下的广州味道

在广州的大街小巷，看似貌不惊人的小铺子里常常藏着一些地道的广州好味道。源记肠粉店就是其中的典型。

位于街边大厦底楼的源记肠粉店门口恰好有棵大榕树，再加上店铺一侧支开的大大的遮阳棚，为源记提供了一片烈日下的阴凉地。阴凉里摆满了桌椅，尽管是下午，已经有好多人来这里吃肠粉了。一旁还有摆得半人多高的红色塑料椅子——一到晚上源记的摊面还要摆得更大，这些白天闲着的桌椅也就有了用武之地。

骑楼与满洲窗的风景线

店铺内侧是厨房。说是厨房，其实也就是摆起的炉灶而已。一边，肠粉师傅用银色铝铲飞速地切割着肠粉；另一边，煮粥师傅从旺火上端下一碗碗滚粥。肠粉和粥由客人自取，客人还要自己找空的座位坐下，这里的服务就是如此简单。但这里食物的味道却不含糊：肠粉料足，肉馅有汁，粉足够滑；粥现做，大火滚粥，口感绵滑。只要十几块钱就能享用这一粥一肠粉。

其貌不扬的店铺，加上可以算是简陋的就餐环境，源记可算是走了"个性"路线。但街边的粥粉有时就是需要这样的氛围。一贯的低价和美味让附近街坊邻居十几年如一日地支持、帮衬源记肠粉店。也难怪这里的老板从不热情地招呼顾客，只管做事，因为只要肠粉足够美味，一定会有人来吃的。

广州，这座城

泮塘路
满街老铺拾起的西关味道

来广州总要到西关看看，去西关免不了要到泮塘路走走。这条紧靠着荔湾湖的路上聚集了许多广州老铺，要寻找老广州的味道，来这里是不会失望的。

泮塘本是广州西郊龙津桥外的一片池塘。这片珠江冲积而出的池沼当时最出名的就是其盛产的经济作物。荔枝、龙眼在泮塘随处可见，池塘里的慈姑、菱角、莲藕、茭白、荸荠更是远近闻名的"五秀"。

随着城市发展，泮塘开始筑路、盖房，池塘慢慢消失，泮塘也逐渐成了车来车往的市中心。尤其在亚运会前后，泮塘路被重新规划，一大批传统老铺进驻泮塘路，让这里成了西关老味道的集中地。

现在的泮塘路上池塘早已不见，取而代之的是广州美食园硕大的招牌。往里走去，一边是古庙和荔湾湖，另一边齐刷刷地开着一排商铺。短短 300 多米的泮塘路上，餐饮店铺就有四五十家，其中多数是有来头的老字号，从粤菜酒楼到西关小吃一样不少。不仅是游客，本地人也常来这里享用美食。想吃正宗粤菜的话，这里有许多高品质的园林粤菜馆，不仅菜品正宗、服务体贴，而且餐厅紧靠湖泊、园林，景致一流。

不想太破费的话，可以在东面街道上吃些小吃。一排老字号小吃店开在遮阳棚下。店铺有统一的复古装潢，招牌上满是让人目不暇接的美食名称。石磨的沙河粉、省城濑粉、荔湾艇仔粥和"最泮塘"的"五秀"无时无刻不在挑逗着人们的食欲。尤其是泮溪酒家附近的饼屋，集合了广州城中最出名的三四家老字号，可以将广州的名饼"一网打尽"。餐厅之外还有一些卖手信的老铺。

除了美食，泮塘也有自己深厚的文化积淀。过了泮塘路往南，龙津桥下立着一座文塔。这座 13 米高的六角形砖塔矗立在新修的广场上，漂亮的绿化环绕着它，小河从它身边流过。塔上有书写着"云津阁"的横匾，塔旁的大榕树枝繁叶茂，树上挂满红色许愿带。几个孩子绕着文塔奔跑嬉戏，不远处龙津的码头静静地等候船只靠岸。

几百年过去了，泮塘发生了翻天覆地的变化，唯有文塔不变。在变与不变之中，泮塘自有一种坚守。

仁威庙
美丽湖畔的千年古庙

一片秀丽的湖泊和一座千年古庙共存一处是怎样的美景？仁威庙会给你答案。

仁威庙坐落在风光旖旎的荔湾湖畔，它是供奉道教真武帝君的千年古庙，也是泮塘十八乡最大、最古老的古庙。仁威庙初建时名为北帝庙。据说，因真武帝司水，故人们称他为北帝或水神；又因北方真武玄天上帝素有神威，所以后来改称北帝庙为仁威庙了。有水神镇守的古庙，正印证了当年泮塘水势之盛。

现在的仁威庙已经修葺一新，向人们展示着"水乡古庙"的魅力。仁威庙历史上曾经历多次修葺。清乾隆年间重修时，增设了二进建筑和东序，给如今的格局打下了基础。如今走近仁威庙，就能感受到它特别的气韵。神庙高大的牌坊朝着泮塘路，而宽广的门庭却朝着荔湾湖。山门是一排有着黑色屋顶的并排建筑，建筑是典型的明清岭南风格，屋顶上高高凸起的风火墙引人注目。风火墙把山门分成三开间。大门之外有华表、石狮守护，间或设立有对称小门。门上都有牌匾，古朴的书法透着浓郁的传统文化气息。

庙里安坐着各路神仙，每个都金光闪闪，香火更是旺盛。金漆牌匾上有着苍劲的书法，高悬的屋脊上留下了精妙的砖雕，无处不在的木质梁柱上则满是繁复的木雕。昔日这里曾被赞誉为"桂殿兰宫"，今天再来看依旧不失为中国建筑艺术的杰作。庙宇结构紧凑，前后进、东西序间进退自如，漫步其间就已经能领略岭南建筑的精华。

走出庙门，迎面是荔湾的秀丽荷花池，远处还有园林盛景。香火在一片秀色间袅绕，依水的古庙是这片水乡永远不变的信仰。

荔湾湖公园

昔日池塘，今日水景

开阔的荔湾湖像一颗翡翠镶嵌在西关闹市中，没有比这更宜人的城市景观了。因为有了别致水景、优雅园林，西关也变得分外妖娆起来。

可以从荔湾湖东侧龙津西路上的入口进入公园。公园门不大，但进去后望见的水面却很开阔。看着平静的湖面，可以想象出当年荔湾地区湖沼连绵的湿地景象。当年这里"一湾溪水绿，两岸荔枝红"，荔湾的地名实至名归。而今这一片曾经的池塘早已是景色秀丽、设施完善的休闲公园。

　　荔湾湖公园中湖水占了大部分。公园水系实际上分成4个小湖，码头散布在湖滨各处。人们可以乘着小舟，泛舟湖上。当年的"羊城八景"中就有"荔湾渔唱"一景，现在只能在荔湾湖公园微波荡漾的湖里体验一番了。湖泊之间由各种桥、路连接，道路时而曲折，时而变化成廊、亭。绿色植物满满地覆盖着道路，就好像绿色的链子一样串联着湖泊、小岛。

　　公园里修复了当年荔湾的许多旧迹，还有丰富的娱乐休闲设施融于其中。走在路上，随时都能看到独具岭南特色的建筑，还可以享受各种休闲娱乐活动。五秀湖畔复建了清代名园海山仙馆，配有2个水亭和楼高2层的展览大厅，展出丛书、丛帖、碑刻等。五秀湖的菱洲岛已遍植荷花，同时重新种上荔枝树，曾经的荔湾风情又回来了。

　　如果往北面游览，还能遇见泮溪五约亭。亭子背后就是老旧的泮溪村。这个依偎着荔湾的旧村和漂亮、整洁的公园形成了鲜明对比。它见证了荔湾北面居民聚居的历史。在狭小的巷道、低矮的老楼和盘根错节的榕树间穿梭，时光仿佛倒流回了几十年前。

　　西关就是这么神奇，亮丽的荔湾湖公园和落寞的泮溪村只有一墙之隔。就像是两个历史切片被放在显微镜下，它们都是西关，都是广州的一面。

荔湾博物馆
探访真正的大屋

荔湾博物馆在西关大屋历史街区里，是历史街区里最值得探索的建筑之一。

荔湾博物馆原是民国时期汇丰银行买办陈廉仲的故居。博物馆的特色之一是既有西式洋楼，又有中式庭院。西式洋楼有罗马、希腊建筑的影子，立柱、拱门、门廊都是原汁原味的欧式风格；庭院里有一座太湖石假山，假山上长着一棵大榕树，正是著名的岭南石景"石上飞榕"。

　　走过洋楼一旁的青云巷，古色古香的西关大屋便出现在眼前，两种截然不同的风格如此和谐地融合在一起。现在的大屋开设了西关民俗馆，是博物馆的馆中馆，也是了解古老大屋、了解西关文化的好地方。

　　和白色的洋公馆不同，大屋由青砖搭建，泛着灰青色。大屋屋脊、山墙高高耸起，内部楼梯、走道、回廊、天台、天井样样齐全，是名副其实的深宅大院。

　　民俗馆的大屋是三开间，岭南当地叫作"三边过"。有多个门可以进入三开间的大屋，现在开放的大门实际上是在偏厅。偏厅狭长，摆满清式家具。修葺一新的青砖墙上用白线勾边，显得干净利落。地上的红色大砖倒是有些年头了，岁月在上面留下了不少坑洼和裂缝。

　　除了偏厅，包括正厅、轿厅、书房、小院等在内的大约一半房间都是向公众开放的。游走在厅、房、廊之间，大屋时而狭窄，时而宽阔。正厅前天井挑高两层，阳光从高高的满洲窗射进来，趟栊门在阳光里画出横条纹剪影，两侧迂回而上的楼梯引人走上阁楼。

　　房间里除了老家具，还陈列了多种西关老物件。二厅里铜水炉烧水、取暖两不误；偏厅里彩色玻璃和木牌匾相呼应；一副云吞面担仿佛让人嗅到了云吞香味，听到了小贩走街串巷的吆喝声。书房里纸墨笔砚、古画、书卷一样不缺，一旁留声机飘出了周璇优美的歌声。书房正对着的小院，青竹悠悠，长叶在墙边飘动，一片写意空间。阁楼上关于广州衣食住行的老照片一张张挂在墙上。西关小姐的闺房也在楼上，房里架子床、梳妆台仿佛在静静等着娇羞的小姐。

　　大屋改成的民俗馆，虽然仅有一间屋，但屋里却浓缩了西关风情，一景一物都是昔日风物的重现，恍如昨日时光又重来。

西关大屋历史街区

西关小姐的大房子

西关作为广州由来已久的"富人区",是岭南上流社会人士的聚居地。所谓的"西关小姐"不只是随便叫叫的,她们居住的房子也颇有来头,它们被称作西关大屋。

西关大屋,顾名思义就是西关一带的大型民居。它们带有浓郁的岭南特色,大多建于清晚期。以前西关大屋主要分布在多宝路、宝华路、龙津路西、上下九一带。它们不仅是

杰出的建筑，更是西关大户人家身份、地位的象征。据统计西关大屋现存100多间，具有保留价值的有10多间。最著名的西关大屋有坐落于宝源北街18号的梁资政第、坐落于多宝路的邓宫保第以及坐落于宝华路正中的钟家花园等。十分可惜的是，这些名园大宅大多早已不复存在，仅存的名宅只有小画舫斋。现在可供游客探访的西关大屋位于专设的历史保护区内。龙津西路西关大屋建筑保护区位于荔湾区泮溪酒家南侧，东起龙津西路，西至原西关上支涌，北起逢源沙地一巷，南至三连直街。

　　从泮溪酒家门口往南走几步路就到了这个历史街区。荔枝湾在龙津桥下静静流淌，河道北侧是一片复古的商业街，街上的小店贩卖着相似的纪念品和西关小吃，其中最出名的是凉凉的马蹄糕。

　　商业街对面是大屋的集中地。桥头就有一座大屋，大屋外的河畔矗立着一个两层楼高的宫灯。过了咖啡馆，你会看到更多老房子：有清代较典型的正间和左右偏间的青砖石脚、高檐深宅的西关大屋，有把西关大屋特色与西洋小楼建筑特色相结合的欧派建筑，还有民国时期的红砖小楼房建筑。走在这些大屋中间，恍如走进了小型的岭南建筑博览馆。在楼

　　宇之间还有一尊引人注目的四面佛,这原来是泰国友人赠送的。四面佛后高大的榕树从石缝中钻出,这也成了街区奇景。有许多大屋用作公共机构,其中有的是艺术馆,有的是博物馆,有的是剧场。

　　在街区尽头,一座古朴的廊桥连接了大屋区和荔湾湖。桥的一头是著名的大屋——小画舫斋,桥的另一头是荔枝湾大戏台。两座古色古香的中式建筑就在静静的水面上唱着"对台戏"。大戏台上经常有专业的粤剧演出,那时戏台下必然是人头攒动。

　　在传统的戏曲声里,青砖、高屋还是旧时模样,外边是喧嚣闹市,这里的时光却像是停住了一般。荔枝湾水流匆匆,却带不走古老的西关风情和久违的市井情怀。

骑楼与满洲窗的风景线

恩宁路
岁月静好骑楼中

　　从西关大屋历史街区南下，一条蜿蜒的马路穿梭在闹市中，它叫恩宁路。这条路上放眼望去都是骑楼，阳光在彩色玻璃上反射着七彩的光芒，树木穿出灰色的墙体，为其增添了鲜艳的绿色，主路四周有许多麻石铺就的小巷。这里的路上行人不多，车辆也很少，喧闹的只有树上的蝉鸣。宁静的恩宁路是许多广州人心中的牵挂，漫步在这里，就像是回到了过去，让人不禁感叹岁月静好。

恩宁路东起宝华路，西至多宝路，建于1931年。那时的恩宁路能容纳8顶大轿并排通过，在广州城里风光无限。而今，它依然是广州骑楼最多的马路，分布着十几处古迹，说它是"广州最美街道"也不为过。

传说恩宁路一头是恩州村，另一头是宁溪村，这就是"恩宁"名字的由来。昔日恩宁路上有大观河流过，浇灌出一片繁华，留下"八桥之盛"的美名。都说恩宁路上的骑楼、大屋里住的人都非富则贵，但其实也有贫富悬殊的差距。恩宁涌旁曾经聚居着清贫的疍家人，日日为有钱人倒"夜香"。

如今的恩宁路已经走过近百年。不见河流奔涌，只有骑楼安静矗立。在这里最适合放慢脚步，徘徊在老街、小巷、骑楼下，任厚重的历史文化像空气一样包围你。骑楼下，老字号的店铺有的门关着，黑漆老式木门上还留着旧时的窗格装饰。也有老铺子坚持开门营业，鲜艳的招牌和深色的木结构形成鲜明的反差。铺子里鲜有顾客，老板闲坐在柜台中。

光膀子的男子在树荫下休息，悠闲惬意。

  老铜铺曾经是恩宁路最热闹的产业，现在只有几家老店还在坚守古老的手艺。锃亮的铜器发着亮光，身着白色老头衫的铜匠叮叮当当地敲打着铜器。过往的人总禁不住多看几眼，有人还拿起手机拍照。

  恩宁路上遍布古迹。最有名的是八和会馆，广东粤剧的根就藏在这座老式骑楼里。踏进麻石旧巷，还能寻见詹天佑的故居。曾经赫赫有名的金声戏院只剩招牌，像一座纪念碑般立在路边。

  拆与不拆的争论一直围绕着恩宁路，每一次拆迁和规划总是矛盾重重。但新的变化总是不可避免，李小龙祖屋所在的永庆坊就迎来了新式的改造，麻石依旧，巷子却修葺一新。新颖、亮丽的店铺塞满了巷子，吃饭、喝咖啡成了巷子里新的生活方式。

早茶与粥粉面告诉你广州的味道

喝一口早茶，听一曲粤剧，尝一尝西关路上的美食。一口茶，一口烟，老旧的荣华楼里还留有许多过去的影子。

广州，这座城

老城里的美食之旅

喝一口早茶，听一曲粤剧，尝一尝西关路上的美食。

一口茶，一口烟，老旧的荣华楼里还留有许多过去的影子。普洱茶在口中回味，岭南丝竹在厅堂飘荡，这就是老字号的格调。上百年的老骑楼里唱着古老的歌谣，是街坊和票友们的支持让它一直延续到现在。

粤曲声中转到宝华路，老街食肆打开了广州美食的宝盒。拥挤的伍湛记里藏着状元及第的传说，一代代学子在应考的日子里前来求祝福，一碗粥足以让整座城市牢记。还有宝华面店的竹升面、顺记冰室的雪糕……一路走来，宝华路上的美食传奇还在继续。

更传奇的是陶陶居和莲香楼。老字号茶楼的大堂里依旧人头攒动。广州人对饮茶的热情从未减退，老字号也拿出最好的水准，让客人吃到最正宗的早茶。

在广州的商业传奇——上下九，有密密麻麻的店铺、一栋栋的骑楼、宽阔的步行街……一到下午街道就变得拥挤起来，到了晚上五颜六色的招牌都亮起灯来，巨大的电子屏足以照亮广场。这就是传统的上下九，发达的商业生态从未在这里停歇。

就在上下九边上，华林寺的玉器生意同样红火。高人的玉器商城造了一栋又一栋，似乎能装下全世界的玉器。寺庙边的小街上却还是传统的小街铺，甚至还有20世纪的"鬼市"在这里延续。古老的传统习俗一如既往，形成了独特的市井风情。

荣华楼

"八和粤韵"茶楼中

走到龙津东路中段,一眼就能望见赫赫有名的荣华楼,因为它是周围唯一的骑楼建筑。荣华楼灰色的外墙在人行道上凸了出来,两根方柱撑起了骑楼的外廊。二楼还有罗马立柱的装饰,上下底座漆成金色。外立面的招牌正中写着"荣华楼 始创1876年 传统粤菜"。

荣华楼是真正的老字号。时光倒回到1876年,那是清朝光绪二年。此时的荣华楼不

过是普通的砖木楼房，门前挂有一副对联，写着"雀舌未经三月雨，龙牙先占一枝春"。荣华楼的骑楼建筑是在1936年才完工的。在开店60周年之际，木楼被二层钢筋混凝土骑楼替代。当时的二楼都是满洲窗，窗外便是骑楼上的小露台，露台上放满了各种盆栽，生机勃勃。到了1993年，荣华楼升级改造成四层楼，还因为可以听戏，成为"广州唯一带妆折子戏茶楼"。

荣华楼也有时运不济时。2013年因经营不善，当时已经有了137年历史的荣华楼停业，二楼的折子戏舞台也一同消失在装修的烟尘中。附近街坊和一众戏迷始终惦记着这个可以喝茶看戏的老茶楼，好在仅仅一年后，茶楼又重新开业。"八和粤韵"演艺厅又出现在茶楼的三楼，"一盅两件、唱曲看戏"又回到了龙津路老街坊的生活中。

每天，广州城里的乐迷、戏迷会从四面八方会聚到荣华楼的三楼。三楼里舞台并不大，只有十几平方米，但配备了乐池、后台，也算是非常专业。舞台之外都是茶座，和老式的茶楼并无二致。午后通常是演出最高潮时段。看客大多是中老年人，而且大部分人都互相认识。几乎每个人进来都要和所有人热情地打招呼。茶客们坐定后点上几个小点心，熟练

地泡上茶，男士多数还要点上烟。节目还未上演，茶客们就聚在一起聊起家长里短。一旁椅子上专业演员当着茶客的面上妆、扮相。带妆大戏前，茶客中有票友先上台演唱，虽不带妆，倒也有几分味道。一个小时后，专业演员穿戴整齐，好戏就上演了。这时茶客们顿时严肃了起来，不再像之前那样喧哗，每个人都认真聆听婉转的粤剧。一曲唱罢，底下掌声四起。演员下了台还会和观众热络地打招呼、合影。

现在在荣华楼驻唱的主要是八和粤剧团，所以有了"八和粤韵"之称。除三楼之外，其余两层都是单一经营的酒楼。三楼早晚都有表演，除了专业粤剧之外，还有粤曲卡拉OK和其他剧种演出。演出大厅里还有投影系统，有时也会播放粤剧电影。粤剧的观众以老年人为主，因此茶位费不高，只要10元。演艺厅的经营独立核算，大部分演出人员收入要靠观众的打赏。老人行动不便，常因天气不好就不来了，因此演职人员常说自己是"靠天吃饭"。

荣华楼的骑楼在龙津路上很醒目，因为有了演员们的专业演出，才能让广州茶楼听戏的传统延续至今。在这里的茶碗里，还能闻到羊城的古老气息，听到悠扬的广东好声音。

伍湛记

一碗及第粥的传说

　　广州人对粥的热爱恐怕是中国之最。在西关老街上随便走走，每一两百米就能寻见一家粥品店。大街小巷里滚滚粥锅在不断地冒着热气，体现着这个城市应有的温度。在这么多的粥品店里能够脱颖而出实属不易，老字号伍湛记就是粥品店中名列前茅的西关美食传奇。

有广州歌谣这样唱："伍湛记，乜都有，粥一绝，唔够喉。细路哥，中状元，及第粥，至拿手。老人家，等老友，咸煎饼，笑开口。千载变，情未变，广州味，心中留。"足见伍湛记在广州人心中的地位，甚至可以说伍湛记的一碗及第粥取悦了整个广州。

伍湛记在广州已经有4家分店，我们推荐的这家是人气较旺的一家。即便是在盛夏，门口照样能排起长龙。店铺是纯粹的老店模样，昏黄灯光打亮硕大的红色菜单，透明玻璃窗里是忙碌的厨房。虽是老字号，但店堂面积很小且低矮，开裂的天花板甚至只是草草地用玻璃胶修补上。店堂里，几台电扇不停地摇动，但还是吹不散广州浓重的暑气。即便这样，坐在深色木椅上的客人们还是喝着热腾腾的粥。

伍湛记的状元及第粥选料讲究，猪肉丸、猪肝和猪粉肠，分别代指状元、榜眼和探花，几十年来从未偷工减料，粥底绵厚，水米交融。粥米吃起来柔滑，肝、肠则爽滑香脆。今天仍旧有很多考生都会前来讨口彩，希望能"高中"。及第粥之外，德昌咸煎饼也是老顾客们最常点的小食。这种1938年由德昌楼师傅首创的点心用南乳、白糖、红糖调配而成，每一个咸煎饼都用中火油炸，糖多油大，故成品皮脆心软，特别酥香。

在伍湛记品尝美味，根本就停不下来，汗流浃背的同时，对于舌尖来说也是极大的享受。这番西关老味道总让人流连忘返，去了又去。

上下九
一街看尽岭南风

上下九可能是人们去广州之前最熟悉的一个广州的景点。这条"全能"而又古老的商业街有着独特的中西合璧文化特色,在漫长的历史长河中形成了独具一格的西关商业街风情。即使今天广州新的商业街层出不穷,现代的商业形态不断更迭,但这条稍显"老态"的上下九依旧有着不可替代的独特魅力。

　　闻名遐迩的上下九商业街东起上下九路，西至第十甫西，横贯宝华路、文昌路，全长1 237米，全路段店铺林立，共有商店300多家，日客流量达60万人次。在这里，从建筑到美食再到民俗都充分体现了岭南特色，可以说逛上下九一条街，便能看尽岭南文化。

　　上下九最具特色的自然是浓烈的商业文化。上下九的繁荣景象历史悠久，可以追溯到清末，这里自清末以来就一直是广州城里最重要的商业中心。如今，作为广州三大商业街之一，上下九依旧保持着极高的人流量和蓬勃的商业活力。

　　上下九只有早晨到中午时是相对安静的。这时大规模人流还未到来，几百家商铺也未开门。这时候来到上下九，可以静静欣赏街上的骑楼。连绵千米的骑楼并排展开，欧式的建筑主体和北方满洲风格的装饰相得益彰。骑楼底层的长廊是极其实用的，一路上的商铺都能在廊下躲风避雨，客人们也可以安心穿梭其中，不必担心雨水、大风。

　　到了中午，太阳直射骑楼时，商户们纷纷活跃起来，开铺的开铺，打扫的打扫，一场"商业战争"就要打响。随着人流的增多，商家也越来越兴奋，步行街上店员纷纷站出街外吆

喝、招揽，有的为了吸引顾客眼球还爬上椅子，以求达到"鹤立鸡群"的效果。叫卖声在街上此起彼伏，更有震耳欲聋的音乐和循环播放的促销录音从店里的扩音设备中传出。这种你争我夺的态势会一直延续至深夜。扯破喉咙的叫卖和把街道照得通亮的灯光一起描绘出新时代的广州"清明上河图"。

  游客就在这璀璨的灯光和叫卖声中畅游。在老字号里他们可以找到最正宗的西关味道，出名的食肆有数十家，几乎可以一路走一路吃。他们也能在各种品牌服饰店里找到便宜又时尚的衣服，这些三线品牌服饰店已经是上下九商业中的主力军。如果再深度游玩，在文澜巷能找到十三行"文澜书院"的历史印记，在陶陶居还能畅想粤剧名家聚餐品茶的盛况。街面上的西关风情雕塑更是把人们的思绪带回了那个渐渐远去的"老西关"时代。

  尽管雕塑表现的大多数场景已经难再寻觅，不过热闹的上下九却还保持着青少年一般的活力。在喧嚣繁华的商业表面下，你还能寻觅到点点滴滴的岭南风情。

宝华面店
竹升面的老味道

经过长寿路再往南走,宝华路就变得热闹起来。在人来人往的街道上,宝华面店不断吸引着过往人流。

宝华面店原木色的招牌很朴素,不过它占据了街道转角的黄金位置,路上从不缺人流量。宝华面店的装饰亦如店面一样朴素,有着老字号一贯简单实用的风格。宝华面店面积不小,算是老字号里的"大户人家"。一进门就是收银台,柜台背后张贴着几十种菜品图

片,让人眼花缭乱。在门口点单后会拿到一块黄色号牌,凭此领餐。餐厅里服务员不少,统一身着蓝色衬衫、黑色裤子,还围着黄色围兜,显得非常正规专业。

宝华面店自然以面出名。广东的面中最上档次的是竹升面,宝华面店就做这种竹升面。这种面因为用竹子碾轧而成所以特别有韧性,吃起来口感弹性十足。宝华面店的竹升面中,云吞面最受欢迎。包裹着鲜虾的云吞鲜味十足,相比鲜虾柔软的口感,面反倒更加弹牙,配上酸甜的腌白萝卜,口感中又多了爽快的一面。此外,卤味猪手面也值得尝试。卤味本就是地道广东美食,拆了骨头放入面里,一口下去都是胶原蛋白的爽滑和鲜美,同时卤味特有的香味又慢慢溢出;而清淡的竹升面,又恰到好处地中和了猪手略微的油腻,两者搭配可谓天衣无缝。

广州，这座城

顺记冰室
最有历史的广州冰室

宝华路上顺记冰室的店面干净、亮堂，是标准的老字号。顺记冰室说来来头不小，是广州四大冰室中仅存的一家。它的创始人叫吕顺。吕顺早先在泰国学得雪糕制作技艺，在香港九龙开设第一家顺记冰室，后来又来到广州。最早吕顺只是在街头挑担卖雪糕，因为雪糕椰香浓郁，马上成为广州街头热门冷食。吕顺看准机会，开始在十五甫开店售卖。

从13平方米的家庭作坊式的小店，到今天窗明几净、服务员众多的大店，顺记靠的就是一贯的好口味。当广州四大冰室中其他三家纷纷停业、转行后，顺记成为仅存的有百年历史的老冰室。

顺记现今有着众多"粉丝"，他们或是来享受清凉，或是来怀旧，总之这里从不缺人气。雪糕依然是人们必点的美味。顺记出品的是传统手工雪糕，据说还是老配方。椰香、杧果、榴梿是镇店三宝，果香味十足，入口顺滑，即便是正在减肥的姑娘，遇见了这样的雪糕恐怕也要忍不住多吃几口。顺记的雪糕口感虽然不如高端的天价雪糕那样顺滑，但满满的怀旧口味却能勾起许多儿时的回忆。除雪糕外，红豆双皮奶也是颇受欢迎的甜点。红豆饱满大颗，满满铺了一层。慢火熬出的红豆甜而不腻，沙沙的口感配上醇厚的双皮奶，口口都是幸福感。

像很多老店一样，多样化经营是不可避免的。顺记在冷饮、甜品之外也提供牛河、牛杂等类似茶餐厅供应的菜品，品类也非常多样。不过说到底，最让人惦记的还是那些甜甜的味道。

陶陶居

月饼泰斗光绪来

周末，上下九人头攒动。陶陶居的骑楼里照旧人群拥挤。人们在门口小柜台拿到等位号码条时总要叹道："前面还有那么多人啊！"这就是陶陶居日常的景象。尽管上下几层都是吃早茶的店堂，但还是满足不了慕名而来的人们，排队等个几十分钟在这里并不罕见。

而这忙碌的场景据说从光绪年间就开始了。陶陶居的创立时间一说是光绪六年（1880年），另一说是光绪十九年（1893年）。不管按哪种说法算，陶陶居都有100多年的历史了。

历史悠久的陶陶居传说众多，传说陶陶居泡茶的水一直用白云山九龙泉的泉水，另有传说陶陶居的招牌是康有为所书。这里最出名的还是它的月饼。陶陶居做广式月饼已经有百年历史，出品的"陶陶居上月"月饼，饼馅由火腿、烧鸭、上肉、钩虾、花生仁、冬菇、莲子等20多种配料和蛋黄拌成，每种原料都精挑细选。成品咸甜适中，皮薄松软，是老百姓最喜爱的月饼之一，被誉为"月饼泰斗"，获奖无数。

不过平时，大部分人还是前来喝早茶。经过100多年的发展，陶陶居已经成为富丽堂皇的大酒家。酒家楼高4层，外观为红墙绿瓦、雕梁画栋的民族建筑形式，厅堂宽敞明亮、陈设雅致、古色古香。马路大门前柱上仍刻着当代书法家秦咢生手书的典雅长联，屋顶是中式的六角亭，室内有彩色玻璃，墙上有字画对联，七彩屏风上更是书画满屏，还有栩栩如生的浮雕装饰，这些都显出老字号浓厚的文化底蕴。

现在的陶陶居底楼有专门售卖糕饼的饼店，楼上是吃早茶或正餐的餐厅。每日登门顾客络绎不绝。香脆不腻的麻皮乳猪、飘着奶香椰味的奶黄包都让人垂涎不已。服务员大都上了年纪，常来的本地食客也大都是同样年纪的老者。楼面一角设取菜区，点心现做，不断翻新，喜欢就自取，很方便。

夜晚，陶陶居的六角亭被灯光照亮。这座文物建筑里灯火通明，在这充满文化传奇的建筑中喝一口普洱，才算是真正领略过岭南深厚的人文风貌。

莲香楼
西关老街上的莲蓉传奇

在上下九清一色的骑楼中，莲香楼红、黄、绿相间的招牌像红绿灯一样显眼。即便在上下九这样老字号繁多的地区，这个百年老店也是首屈一指的传奇。从一家莲蓉饼店发展到在香港都有分店的老牌酒楼，莲香楼的故事几乎就是那个时代的广州传奇。

现在莲香楼的总店依旧保持着浓郁的传统风味。这座上下三层的骑楼，西式的立柱旁挂满了中式的大红灯笼。三层顶上悬着清朝大学士书写的金字招牌，大堂顶上挂着璀璨的

莲花形吊灯。底楼清一色是饼店，柜台上方的招牌上写着"莲蓉第一家""老广州""百年饼家""闻名海内外"等口气大得惊人的广告语。招牌底下摞着一盒盒广州糕饼，柜台外满是慕名而来的顾客。他们难以相信如此有名的大店百余年前还只是个贩卖莲蓉糕饼的小店铺。

饼店楼上是莲香楼喝早茶的酒楼区。这里依旧是一派老广州酒家的装饰风格：中式的圆木桌上铺着黄色的绣花桌布，边上围着8张明清风格的木椅，天花板上吊着水晶吊灯，立柱上装饰着木窗格，中间玻璃上彩绘着荷花。抬头看，横梁上也雕着荷花。放眼望去，一派老广州酒楼的奢华气象。

酒楼的桌上都有水壶，水壶底下支着小炉子。水壶边上有一套青瓷茶具，颇有传统韵味。服务员和熟识的老顾客话着家常，常来的客人熟练地取出茶具在桌上清洗起来，他们有的还自带茶叶泡茶。泡完茶他们便摊开报纸仔细阅读，他们吃不了几个点心，但一泡就是一个上午，这才是老广州的早茶习俗。

前来体验的新顾客则拿着菜单仔细寻觅自己中意的点心。无须自取，点心都会一一送上。莲香楼的点心品种虽然不算多，但多是传统经典；尽管上菜速度不快，但吃起来每一口都是老广州的味道。非节假日的清闲日子里，服务员殷勤地倒茶，遇见熟客还会嘘寒问暖闲聊几句。这几句闲聊，让莲香楼里充满广州老茶楼的人情味。

华林寺玉器街

街头巷尾皆玉器

天蒙蒙亮，华林寺附近的巷子里已经人头攒动了。凌晨，一个个身影钻进巷子，摊开一张塑料布，圈地摆起了摊，塑料布上都是一块块白色、绿色的玉。地摊刚摆下，早起的"鸟儿们"就来淘货了，这边看看，那边逛逛，有中意的便蹲下讨价还价。渐渐地天越来越亮，市场也越来越热闹。直到九点多，上班族开始上班了，大个子管理员才登场，吆喝着催促摊主们收摊。这时，摊主们才依依不舍地收起摊子，一时间热闹的市场又恢复平静。这就是著名的华林早市——华林寺玉器街早晨的一景。

早市的临时摊位主要集中在华林新界、华林寺前街一带。早市只是华林玉器街的"冰山一角",从文昌南路到康王路,从上下九到常熟西路,500米的范围内集中着大大小小的玉器商厦和店铺。这里的玉器珠宝铺子有成千上万家,可以说数也数不清。华林寺玉器街主要包括西来正街、华林新街、华林寺前街、茂林直街、新胜街等内街的玉器市场。这些街道两旁一楼是店铺,一楼以上都是标准的居民楼。在中午时商铺纷纷打开大门,于是翡红、翠绿、紫黄、白灰、黛青等颜色的玉器摆满了街道,让人目不暇接。街道中心地带有一座华林玉器大楼,是内街市场最大的室内商店。大楼里销售的玉器品种齐全,甚至还有玉石毛料出售。

玉器市场聚集了广州八成的玉器,是国内最主要的玉器珠宝批发市场之一。现在的市场早已扩展到内街外的康王中路。和内街居民区的简陋商铺比,康王中路上的商厦"高大上"得多,从上下九的广场往北分别是名汇国际珠宝玉器广场、荔湾广场、华林国际玉器城,华林国际玉器城还分成了A、B、C、D 4个馆(即4栋独立大楼)。高大亮丽的大型玉器商场占据了大部分路面,如果要逛遍整个市场,恐怕一天都不够。多看少买是逛玉器市场的不二法则。在逛市场之余还可以前往玉器博物馆和古朴的华林寺看看,能感受到另一种文化韵味。

这是广州都会的新天际,全新的中轴线在天河南落地生根。城市中轴线上走一遭,无尺的高楼组成新天地欢迎你。

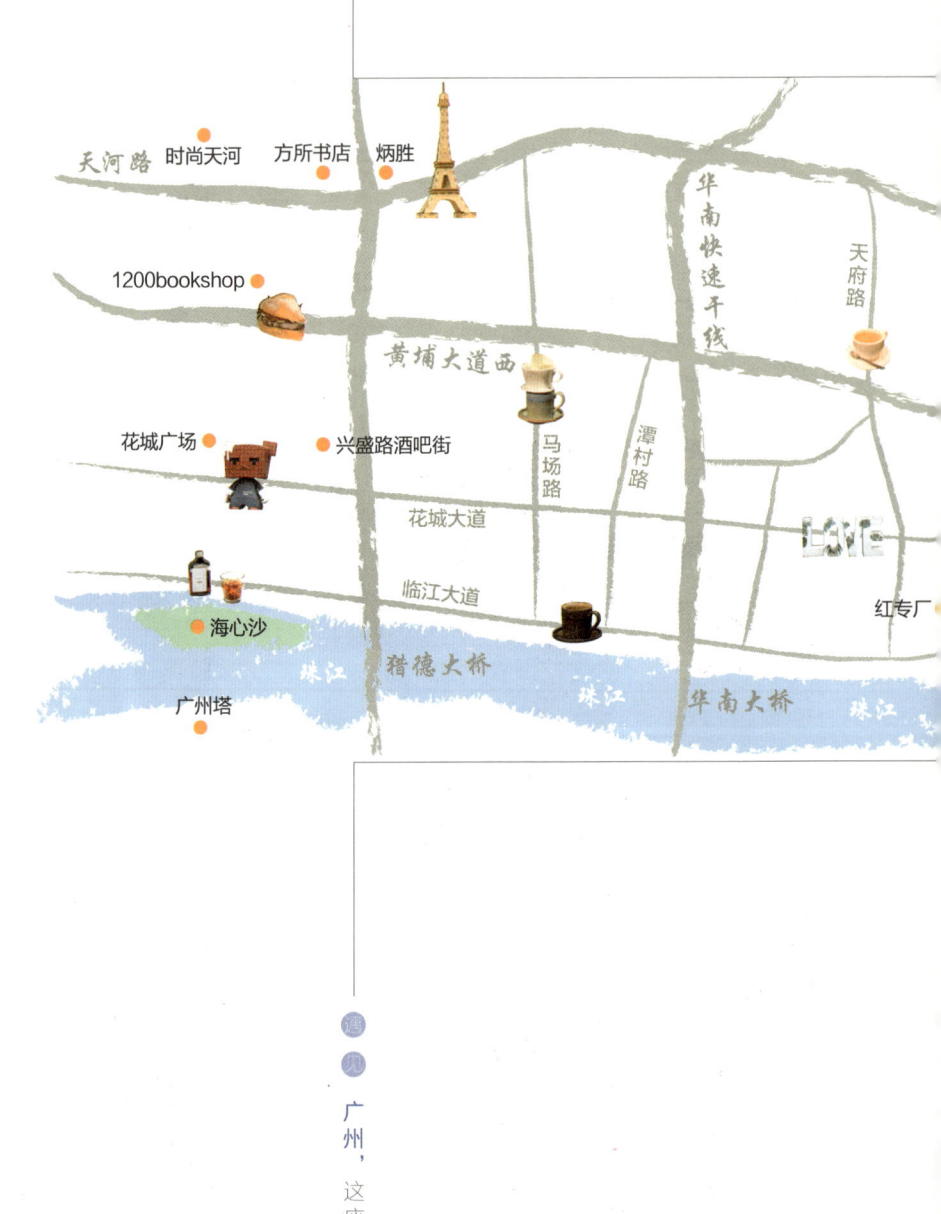

新城市天际线

天河是广州市中心新老交替的转折点,一条新的城市中轴线开始从这里延伸。逃避广州闷热天气的最好的方式也许就是躲进时尚天河的"地下世界"里。广阔的地下空间构建起年轻人新的时尚地标。奇特的店面、诡异的装饰、有趣的主题让这里成为一个地下娱乐场。

天河也有高雅的商场。名声在外的方所书店成为新式书店的代名词,从图书到文创产品、美学生活用品和咖啡,这里是实体书店自我进化的完美样本。方所之于广州,是一个城市人文情怀的见证,而另一边小小的1200bookshop却讲述着另一种关于情怀的故事。

中轴线上自然也有美食。炳胜的粤菜、yes茶餐厅的澳门茶餐完美地诠释了广州本地美食的真谛。如果想要文艺些,可以躲进红专厂的砖墙里享受文艺气息浓厚的下午茶和正餐,餐后还可以在工厂里找寻新时代艺术品。

地下的TFD×BANKSIA展示着新城市中酷劲十足的咖啡文化,地上的花城广场则展开一幅钢筋混凝土建筑画卷。此起彼伏的高楼,千变万化的造型,文化、艺术的地标,构成珠江新城的商业胜景。再延伸到海心沙、广州塔,广州引以为傲的新世界就在璀璨灯光中闪耀。

带着对新都会绚烂图景的感叹,进入兴盛路的夜。酒精延续着CBD白日的亢奋,直到深夜这个城市还有喧闹在延续,不愧是活力之都。

广州,这座城

时尚天河
清凉的地下王国

广州的天气闷热,于是室内的空间被充分利用起来。这个喷着冷气的、巨大的商业中心吸引着人们在清凉世界里"血拼"到底。在众多时尚地标中,时尚天河无疑是最特别的一个。它不像其他商场那样拔地而起,而是在地下拓展。在逛完天河广场上各具特色的体育场馆后钻入冒着冷气的地下商城,一次奇妙的逛街体验就此开始。

　　时尚天河像一个地下城市。纵横交错的小路连通着这个商业帝国。路边聚集着奇怪而富有乐趣的小店。每一个角落都点缀着闪烁的灯光，招牌更是让你眼花缭乱。

　　天花板上凹凸的几何玻璃反射着硬朗的 LED 灯光，平滑的大理石地面和玻璃立柱又反射着几何玻璃的光，好像置身未来世界的太空船。爱吃的广东人把美味也带到地下。在夸张的灯光和奇怪的装饰下，一个个有趣的摊位上满是享用美味的食客。一个个时髦的"路边摊"分布在时尚天河的各个路段中。

　　除了吃，时髦的小众服饰、主题奇怪的个性店铺、独具韵味的咖啡吧和书店遍布在地下街道中。最近，一条装饰成老上海模样的上海街更是吸引了好奇的人们。旧上海标志性的铛铛车（有轨电车）在这里缓缓行驶着，老式的石板路代替了光滑的大理石路面，黄包车在街上游走，身后留下的是青砖搭建的石库门。众多怀旧的商品和食品在小巷里出现，许多电影场景在这里重现，勾起人们的无限追忆。

　　这就是好吃、好玩的时尚天河，是广州最具创意的商业街，能给你新鲜的逛街体验。

广州，这座城

方所书店
广州的书店门户

如果说每个大城市都有一家具有代表性的书店的话，方所书店就是广州最具代表性的书店。对于讲究文艺情怀的人来说，没有去过方所书店就等于没有去过广州。方所书店用它独有的情怀慰藉着广州爱读书的人们。

2011年由毛继鸿一手打造的方所书店在广州太古汇商场开业，一下就成为城中热门的文艺去处。书的海洋、咖啡店、展览空间、美学生活、服饰、时尚设计品……方所书店

集合了多个标签在广州横空出世。

在太古汇浓重的商业氛围中，方所书店是个文艺的例外。站在门口就能看见玻璃门上写着"但愿回到更多诗歌朗读的年代：随风合唱中隐晦了的抒情需要另外的聆听"。

一件件怀旧的老器物摆在地上，有热水瓶、痰盂、自行车车轮、蜡烛、鸟笼、笼屉……这些20世纪的老家伙有一个共同特点：都是圆的。这些平时会被人丢弃的东西到了方所书店就成了漂亮的艺术展品。艺术展品边上是方所书店售卖衣服的店铺，不过看衣服的人不多，人头永远在书架和文创产品周围攒动。

方所书店大约一半以上的面积是放书的。广州城里爱看书的人似乎都来了这里。阶梯上有小伙子坐着读书，两个姑娘坐在做活动时用的舞台边缘翻动手中的书。每个高高低低的书架前都有人影晃动。书架中间有一个咖啡区，浓浓的咖啡香就从这里飘出。咖啡区对面是文创商品区，一件件精致有趣的商品吸引着人们的目光。这个聚集了众多奇思妙想的设计品的区域大小仅次于书架区域，是来方所书店的人们另一个重点游览的地方。

　　方所书店的图书集中在人文、艺术、设计、建筑等方面。值得注意的是，这里有大量港台地区的书刊和外文书刊。书店里还推出了方所推荐、媒体推荐、网络意见领袖推荐等多个特色推荐专栏，读者可以按照自己青睐的推荐渠道选择图书。

　　说到底，方所书店已经不是单纯的书店。1 800 平方米的巨大面积；和 LV、PRADA 等奢侈品比邻；坐落在广州最高端的商场，这些因素促使它成为跨界经营的文艺空间。从书架上抽出一本书，然后在咖啡区坐下，喝着微苦的咖啡，翻看文艺书籍，临走时再从设计品店买几样有趣的物件，最后将展示区的艺术品发到朋友圈——或许这才是方所书店正确的"打开方式"。

炳胜

像广州人一样吃菠萝油

炳胜是广州城里家喻户晓的酒楼,还上过电视节目。可以说它已经在广州城中积累了非常好的口碑,也已经开了几家分店。如果想体验正宗的广府味道,去炳胜是最靠谱的选择。

在天河这个广州市的中心,炳胜自然要占有一席之地。天河东路上有两家炳胜,一家是炳胜品位,另一家是炳胜私厨。

炳胜品位是炳胜的主流餐厅,在广州已经有5家分店。炳胜品位定位于中档,主打传

统粤菜，深受广州市民欢迎，周末常见广州家庭全家出动，前往炳胜品位聚餐。每天的饭点儿炳胜品位通常都人满为患，需要等位。炳胜品位装饰朴实，和一般酒楼并无太大区别，全靠菜式品质和创新吸引客人，有多个菜品得过奖。一道脆皮叉烧结合了烧肉的脆皮口感，保留了叉烧的甘甜味道，焦脆皮下的脂肪入口即化。半打菠萝油是炳胜品位中客人最常点的菜品，和一般的菠萝包不同，炳胜品位的菠萝包个头超级大，小女生甚至不能一只手拿起。这里的菠萝包酥皮并不松脆，秘密藏在里面——其心子是真的带有菠萝味的甜糖心子。这一别出心裁的做法让菠萝包名副其实。此外，炳胜品位的黑叉烧、皇鹅肠都是被"吃货"们追捧的顶级菜品。

就在离炳胜品位几步之遥的地方，低调的炳胜私厨同时在开门营业。虽属同一品牌，但从装潢到菜品再到定位都无一相同。炳胜私厨的装潢更为精致，昏暗灯光里吊起的灯笼、创意的装饰画、明清风格的木质家具无不体现了它更高雅的格调。菜品方面除了提供从隔壁品位拿来的菠萝包外，其他菜没有和品位重复的。这里大多数菜品着眼于对传统粤菜的创新演绎，每一道都有独特之处。因为私密性好、环境优越，本地人在商务宴请时更愿意来炳胜私厨。如果想尝新或者对环境、服务有着较高要求可以去炳胜私厨。

广州最风光的城市纵贯线

1200bookshop
能睡的书店

  广州天河雨夜中，背包客华华钻进了可能是体育东路上最小的一个门面，大大的背包差点卡在门上。门里的书橱和贴满便条的墙壁之间是和门一样窄的楼梯过道。扔下雨伞，华华小心翼翼地踏上楼梯，他要尽量保持安静，还要避免碰到坐在过道上的阅读者。这里的环境告诉他，任何不必要的噪声都是不受欢迎的。

二楼是别样天地，至少开阔了许多。楼梯口的墙上贴满客人留下的便条，边上的衣架上别出心裁地晾着书本。四周都是书架，中间摆着古朴的木桌椅和沙发。椅子上安静地坐着捧着书本的人们，手边的咖啡飘出淡淡热气。在不起眼的角落里，一间小屋等着华华。这是他在广州的落脚点。原来这家书店还能住宿，它的名字叫作1200bookshop。

这家书店在2014年才开业。店主叫刘二囍，更准确地说他是大股东，因为在他身后还有30个小股东。这个学建筑出身的老板有着奇思妙想，至少在开书店这件事上别出心裁：不卖武侠书和励志书，为背包客提供免费住宿。白天这里是生意，晚上才是态度和温情。

底楼门面虽然狭小，但店里的饮品、蛋糕倒是齐全，有100种左右的餐饮。凌晨2点到6点，这里图书六八折出售，还有免费咖啡。如果你留心观察，会发现吧台边上预留的小房间。那里就是给背包客免费睡觉的地方。不过想要睡进书店不仅要预约，还要发个人简介和申请入住的理由到店主的邮箱，主人审核后批准了才能入住。

在天河发达的商业圈里，这个讲究温情的书店实属另类。尤其是在实体书店风雨飘摇的年代里，它的逆流而上着实让人惊讶。刘二囍期待着这里能成为一个有故事的地方，成为人们记忆的一部分。至少对于匆匆而过的读者和背包客来说，这里恐怕已经是到广州必须要去的、有故事的地方。

红专厂
工厂变身文艺地标

在明媚的阳光下，一拨又一拨的游客来到红专厂。他们慕名来到这个新的广州旅游地标。红专厂作为广州第一个由工厂改建而成的非企业、非房地产商包装的真正意义上的创意区而迅速蹿红，成为越来越多人必游的景区。

红专厂前身是建于1956年的罐头厂。那是一个"又红又专"的年代，同时工厂区红砖建筑众多，于是转型后的工厂索性就叫作"红专厂"。红专厂的英文名是Redtory，是红色Red和工厂Factory的结合，充满时尚感，又创意十足。

经过多年的改造,红专厂在天河 CBD 中散发出别样的艺术风情。设计、艺术、创意元素的不断积累让这里成为 CBD 里的 CAD（艺术中心区）。走进红专厂,仿佛就走进了文艺花园。大大的集装箱垒起,成为夸张的招牌。厂里老旧的红砖墙充满年代感,新式的玻璃幕墙和围栏巧妙地成为红砖的搭档。高大的水塔和烟囱在园区耸立,可见红专厂作为一个工厂的历史,而红色烟囱下可爱的装置艺术则宣告了工厂新的创意时代已经到来。走在工厂的树荫底下,一栋栋标准的厂房迎面而来,藏在其中的是高档的餐厅、风格强烈的办公室、有趣的小店、诡异的画廊和优雅的咖啡馆,甚至集装箱里都能开出一个便利店来。工厂区里还有一个火车站。月台上、轨道间、火车头边,好奇的文艺青年摆出各种姿势,相机的快门咔嚓咔嚓作响。

就这样,红砖墙、大玻璃墙、钢铁器械、时尚装置组成的文艺空间充实了游客悠闲的下午。工厂的墙、水管、铁道等好多细节都原封未动,就连老车站月台上的钟也始终指向一个时间——8:12。然而所有的氛围又都改变了,哪怕是一个卖冰糖葫芦的商贩,从这里走过时也似乎文艺起来了。

广州最风光的城市纵贯线

花城广场
广州城的客厅

如果将广州比作一间房子，那么花城广场就是它的客厅。这个广州城中轴线上的一抹绿色，集合了广州现代都会五光十色的风景，让人们从视觉上认识新广州。

APM 线缓缓停在大剧院站。从地铁里钻出，一片绿意盎然的广场就出现在眼前。这是广州城最大的广场。整洁的步道在一片绿色中若隐若现，它们通往周边几十栋高耸入云的现代建筑。北面的花城汇是珠江新城的商业中心，衔接着天河商业区和珠江新城。花城

汇由 3 组不同风格、不同主题的区域组成，从潮流服饰到时尚生活用品再到名贵奢侈品应有尽有，其中有不少时尚的餐饮店，让人大开眼界，也大开胃口。

从花城汇往南，中轴线上的地标建筑依次排开——广州图书馆新馆、广州大剧院、广州市第二少年宫、广东省博物馆新馆、广州周大福金融中心、广州国际金融中心……构成一幅现代都会的画卷。宽阔的大道尽头是笔直矗立的"小蛮腰"。这些钢筋混凝土建筑变换着不同的身姿，有的冲入云霄，有的委婉曲折，有的深沉低调——中轴线上的繁荣在这里一目了然。

白天到广场，除了观赏周边建筑，还可以到广东省博物馆逛逛。低调的黑色建筑里装满了广东的文化、历史、艺术，还有霸气十足的恐龙大厅，带着孩子的游客一定不能错过。不能错过的还有这里的夜景。夜幕降临，几十栋摩天大楼齐刷刷闪烁起耀眼的灯光，不同颜色的 LED 灯光配合建筑不同的身姿演绎出摩登都市的繁华。广场大道的地面上也打开了五颜六色的灯光，这些灯光交错着，仿佛引人进入了魔幻时空。大道的尽头正是闪着奇异灯光的广州塔，更为画面添上点睛之笔。人们纷至沓来，站着、坐着、躺着，变换各种角度和姿势，与这片美景合影。

夜晚的广场成了市民欢乐的海洋，无论你来自哪里，都能在都会璀璨的灯光中找到自己的快乐。

海心沙
广州塔下的沙洲

从花城广场的南端朝广州塔方向望去，远处可见4个扬起的"风帆"，那里就是海心沙。

海心沙是珠江江内的一个小沙洲。它的上游是二沙岛，下游是猎德大桥，而南岸就是广州塔，地理位置可谓得天独厚。早先的海心沙不过是一座孤岛，只有猎德村的几户村民在岛上养鸭，完全是原始自然生态。海心沙之所以能成为现在的城市公园，是因为亚运会的召开。当年亚运会的水上开幕式就选址在今天的海心沙。为此，在海心沙上专门搭建了

看台、风帆屏、水舞台等。现在这些亚运会"遗产"都得到保留,还扩建了其他旅游休闲设施。

今天海心沙最显眼的建筑就是亚运会留下的看台和风帆屏。它们高高矗立,好似一艘要扬帆远航的帆船。这里的灯光打开时,和远处的"小蛮腰"一起演绎一场精彩的灯光秀。广州的很多文艺演出都会选择这里作为舞台,公园的文艺盛事不断。看台和风帆边还有直升机的停机坪和水舞台。水舞台的喷泉全部保留了下来。每天晚上8点音乐喷泉会准时开始,216个升降喷头,形成一个长208米、宽128米、喷高38米的巨船造型喷泉。这也是海心沙最值得期待的一景。

往东步行,可以看见一座古亭。古亭依偎在广州塔下,形成一个古今对照的有趣场面。亭子对面,一条羊肠小道贴着珠江江面延伸,小道另一边都是休闲餐厅。夜晚,人们喜欢坐在这里迎着微微江风小酌几杯。有的酒吧有一些不错的音乐Live表演,把现场气氛推向高潮。听着悠扬爵士,吹着淡淡江风,看着江面彩船穿梭、"小蛮腰"72变,酒不醉人,人也早已经自醉了。

广州塔
广州的"小蛮腰"

提到广州,你最先想到的是什么?十有八九就是广州塔"小蛮腰"吧。广州塔以极高的频率出现在世人面前,用它代表广州一点也不为过。

如果每一座大都会都要找一个摩天建筑作为自己的地标,那么广州塔便是这样一个典型的地标。2010年广州塔正式对外开放,这座在海珠区拔地而起的最高建筑正对着珠江

新城、天河组成的城市中轴线,它的完工无疑给这条城市命脉地位的中轴线画上一个漂亮的惊叹号,预示着一个新广州大都会的诞生。

  在广州城的好多角落都能看到这个高 600 米的"大个子"。它是亚洲的第二高塔,中国的第一高塔,有着俯视群雄的伟岸气势。白天的日光下,广州塔细长、洁白,中间位置收紧,形成中间细、两头宽的形态,也因此人们送它"小蛮腰"的称号。到了晚上"小蛮腰"更加妖娆,无数 LED 灯把塔身点亮,随着时间推移变换着不同颜色,几乎天天都在上演灯光秀。每年春节期间,联合花城广场举行的音乐灯光秀更是城中一大盛事。

  除了远观,走进广州塔内同样其乐无穷。广州塔 168 ~ 334.4 米之间有"蜘蛛侠栈道",是世界上最高最长的空中漫步云梯。栈道有 1 088 级蜿蜒而上的阶梯等着被游客征服,其间有许多全透明镂空玻璃可观景,不过有恐高症的人须慎入。如果你是"吃货",

423米处的旋转餐厅不能错过。这个全球建筑物中最高的旋转餐厅有地中海餐、法餐、中餐等多种选择，每100分钟旋转一圈，可以饱览广州城风景。摄影爱好者们则更期待"云霄488"的风光。488米处的世界最高户外观景平台是全世界游客能够到达的最高观景点。如果天气晴好，游客能在这里看到云霄之下的广州。还有一种更适合情侣的观景方式是乘坐摩天轮。广州塔塔顶450～454米处的摩天轮是世界上最高的摩天轮。与一般竖立的摩天轮不同，广州塔摩天轮不是悬挂在轨道上，而是沿着倾斜的轨道运转，运行一周约为20分钟，游客能够从各个角度观赏广州市容。最刺激的项目无疑是极速云霄的速降项目。在455～485米的广州塔天线桅杆上体验1秒多钟急坠30米的刺激，足以让人热血沸腾。

丰富的娱乐体验项目，无疑让广州塔成为广州最酷的旅行目的地，无论远观还是近玩，它都配得上新地标的称号。

广州，这座城

兴盛路酒吧街
珠江新城的不夜天

兴盛路位于珠江新城内。在亚运会后珠江新城成为新的城市中心。兴盛路所在的区域是 CBD 中的高档住宅区，众多广州中产和外籍人士入住这里，带动了附近的娱乐消费。为满足他们的夜生活需求，越来越多的餐厅、酒吧在兴盛路上应运而生，兴盛路也成为城中夜生活的新亮点。有的酒吧要营业到深夜，甚至通宵达旦，在兴盛路上你可以看到珠江新城的不夜天。

兴盛路上不止有酒吧，也有各式餐厅，还有很多酒吧本身也经营正餐，因此兴盛路的热闹从白天和晚餐时就开始了。靠近猎德大道的一段遍布餐饮食肆，很多全世界的美食能在这里找到。居住在这一带的商务人士、外籍人士都喜欢在这里用晚餐。

晚餐过后信步向前，过了兴国路，酒吧就多了起来。值得一提的是，除了酒吧，这里还有很多进口商品超市，从韩国泡菜到进口啤酒再到芝士应有尽有，让生活在广州的外国人能方便地采购到家乡的食材。

酒吧大都沿主街开设，也有少数设在内街。几乎走几步路就有一家酒吧。晚上9点后，酒吧逐渐活跃起来。昏暗酒吧里闪烁着幽幽的灯光，街上的跑车时不时轰鸣着驶过。爱尔兰Pub的大木椅上，"酒鬼"已经酒过三巡；土耳其餐吧里的水烟正在袅袅升腾；一群美丽的俄罗斯姑娘迈着轻盈的步伐走进俄罗斯酒吧。走到尽头，W酒店的高级酒吧为兴盛路酒吧街画上句号，这也是整条街上最纸醉金迷的地方。

原先兴盛路的酒吧都会在人行道上搭起棚子扩大经营面积，但因为周围居民投诉，近年来在建筑外部搭建的棚子都作为违章建筑拆除了。不过夜深后，会有酒吧偷偷把桌椅拿出来外摆。

兴盛路的亢奋会一直持续到深夜。即便到了凌晨三四点，还有喝醉的人在路上东倒西歪地走路，还不断有汽车引擎在轰鸣。日复一日，年复一年，兴盛路的夜晚一直热闹着。

珠江上的沙洲传奇

滚滚流淌的珠江带来了泥沙,泥沙的堆积形成了沙洲。从长久的历史来看,广州又何尝不是珠江的沙洲?今天的珠江广州段还有大小不一的沙洲散落着。有的安静,有的喧哗,不同的历史机遇给了它们不同的形貌。踏上不同的沙洲也能看到不一样的广州。

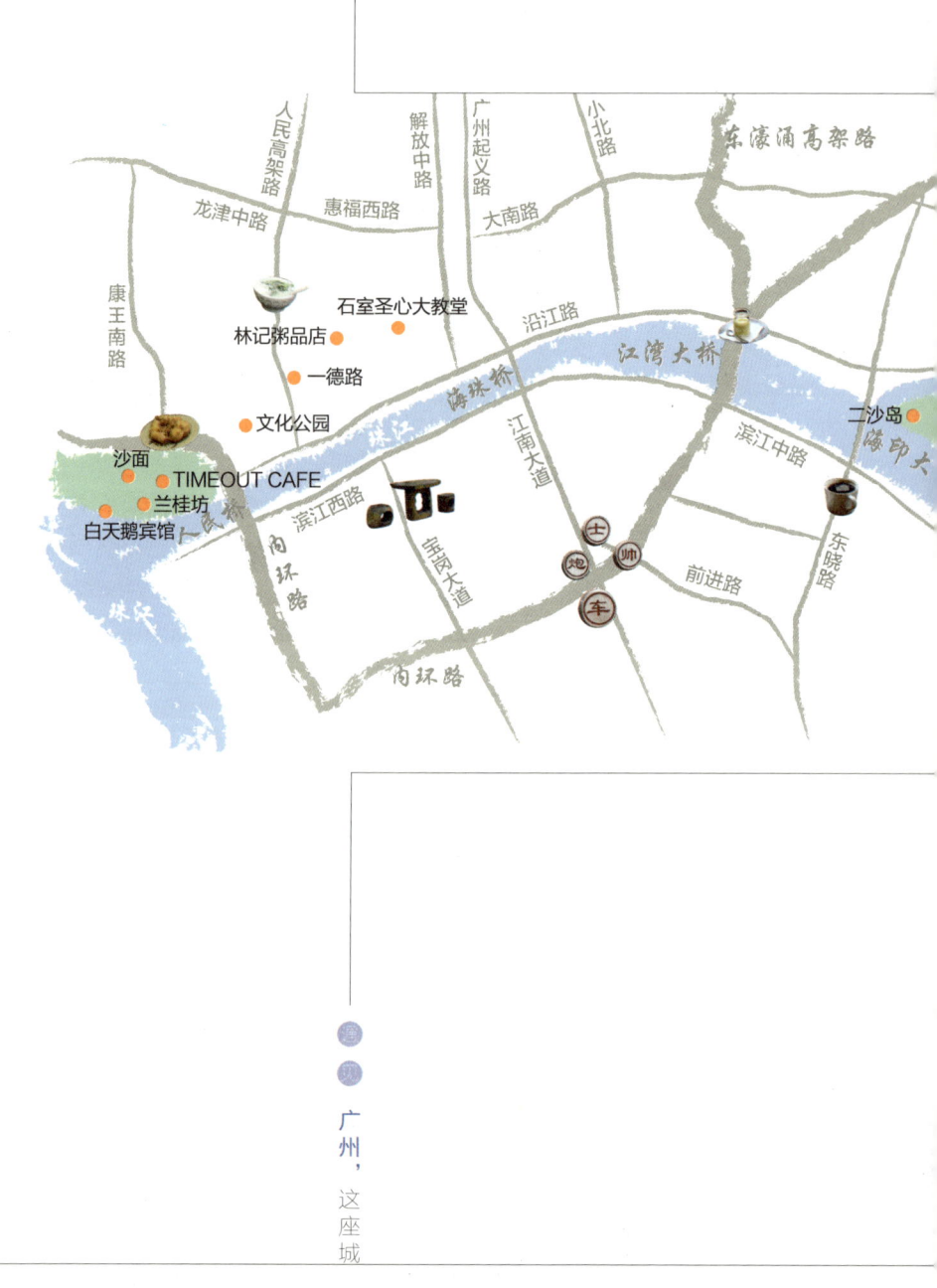

广州，这座城

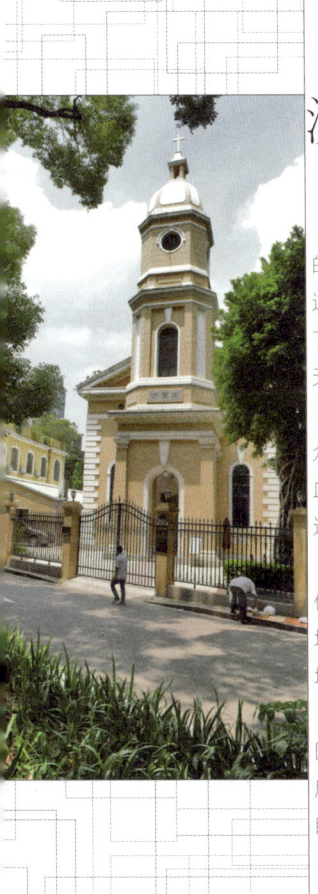

沙洲的珠江往事

沙面无疑是广州最有名的一个沙洲。百年海关在这个小岛上留下了无法磨灭的痕迹，甚至给近代广州定下了基调。在洋楼和人群中，沙洲又热闹起来，不过这一次已经没有了殖民者的枪炮，没有了洋行、海关，而是多了咖啡的香味，多了餐厅的吵闹，多了行人的脚步。沙面岛上到处是回忆，就连只开了几十年的白天鹅宾馆都是分量极重的广州文物。

在沙面的斜对面，是坐落在闹市里的文化公园。这个有趣的小公园里聚集了众多场馆，每个场馆都有自己的文化腔调，每一个角落都流淌着广州本土的文化血液。老人在树下下象棋，在馆里听讲古，在中心舞台听粤曲，一幅幅画面都是这个都市渐渐远去的传统文化场景。

走出公园沿着一德路漫步，玩具店的新奇、文具店的可爱、海味店的气味让你迷失在一个商业帝国里。就在忙碌的平板车和海味店中间，哥特式的双塔尖尖地插入云中。你惊讶于石头教堂的伟岸，也好奇为何它竟能与海味批发市场和谐地共处一地。

与一德路争分夺秒的忙碌不同，二沙岛安静从容，你可以把它看作一个大公园。在草地上躺着，在树林里骑行，享受自由自在的惬意时光。有人蹲坐在江边欣赏流浪歌手的表演，身后的音乐厅里奏响高雅乐曲，而树林边的俱乐部里，耀眼的灯光下，DJ拨动了电音，一个喧闹的夜晚就此拉开了序幕。

广州，这座城

沙面
重上沙洲再拾翠

珠江的滚滚江水堆积出一个沙洲，人们叫它沙面，它还有一个更文艺的名字叫拾翠。它曾是中国对外通商的重要商埠，也曾是中国最早的租借地之一，还是洋行驻扎的海关重镇，也留下了世纪伟人的足迹。今天，它是那个阡陌相通、小楼林立的沙面，踏上它还能拾起百年广州的沧桑。

沙面本来是和大陆相连的，外国人到来后在北面挖出一条河道（沙基涌），自此沙面和大陆分离，彻底成了珠江上的沙洲。百年间，曾有10多个国家在沙面设立领事馆，还

曾有9家外国银行、40多家洋行在沙面经营,粤海关会所、广州俱乐部等在沙面相继成立。为了它,英法专门签署《沙面租借条约》,清政府的大炮则被沉入江底。西方列强的枪炮曾经在这里制造了"沙基惨案"("六二三惨案"),这就是北面六二三路的来历。

现在,十几年间,沙面被餐厅、咖啡吧、小店占据,现在是休闲生活的集中体现。150多座欧洲风格建筑成就了这里建筑博览的名号。新巴洛克式、仿哥特式、券廊式、新古典式及中西合璧式……每一座建筑都好似一本书,值得细细阅读。沙面大街上绿树成荫,在中间围出一个长条形的小公园。纵横的街面上铸铜雕塑矗立,一抬眼,红楼的尖顶阁楼依旧直指天空,汇丰银行的穹隆顶显露出复古的美,不知名的券廊里尽是画着弧线的阳光……游人最多的地方是大教堂,漂亮的哥特尖顶下满是人——有来拍婚纱照的新人,有提着相机的游客,还有前来参加宗教活动的信徒。

在复古的欧洲风情中也有现代的气息。高耸的白天鹅宾馆一直是沙面的标志,甚至是老广州们心中的"广州地标"。边上沙面南街上的现代建筑都装饰一新,高档的定制服饰、奢华贵气的古董、精美艺术品为沙面增添了奢华的气氛。

新旧交替的沙面是年轻人的拍照地,是老广州的怀旧地,是观光客的必经地,百年沧桑就在闲暇的时光中慢慢溜走。

广州，这座城

白天鹅宾馆
老名片的新生

在白鹅潭滨江骑行的人们常常会停下眺望对岸，一栋好似象牙做成的建筑吸引了他们。整齐排列的窗户、象牙白的身躯在波涛荡漾的珠江上亭亭玉立，这座大楼就是白天鹅宾馆。过去这座建筑是广州的一张名片，也是广州人心中的骄傲，上了年纪的人几乎都听说过广州白天鹅。

白天鹅宾馆"身世显赫",投资人是香港著名的爱国商人霍英东。这家豪华酒店早在1983年就开门营业,那时的大陆鲜有如此高级的酒店,它因为是大陆第一家合资的五星级酒店而扬名。从某种程度上说,它是当时广东改革开放处于领先地位的一个象征。2010年,这座建于20世纪80年代的建筑被认定为广东省文物单位,可见其在广州人心中的地位。

2015年,停业改造3年的白天鹅宾馆重新开门营业。这个英国女王吃过烤乳猪的地方又成为广州城的焦点。广州人纷至沓来看它的新变化,而对普通游客来说最值得驻足的是白天鹅宾馆的中庭。中国传统园林式的设计在中庭得到体现,处处闪现着岭南园林设计的文化特征。在采光极好的透明玻璃天花板下,一条飞瀑奔流而下。瀑布边崖壁上"故乡水"字样的崖刻被灯光照亮。瀑布所在的假山顶上还设了一个黄色琉璃瓦顶的小巧六角亭。瀑布底下是水池,池上曲桥横跨,桥下锦鲤游弋。水池周围一层到二层都是公共开放的区域。游人可以从各个角度观赏这座古典园林。

此外,白天鹅宾馆有多个餐厅,大都可以边欣赏江景边用餐。在大堂层门外空地上也可以眺望珠江南岸的风景,视野开阔,风景秀丽。就在对岸的江滨,一批游客正向这个沙面的焦点眺望着。

兰桂坊
沙面上的人气食府

兰桂坊是沙面上小有名气的食府。它坐拥江边的好位置，凭数道精美菜式吸引着游客和本地人。

兰桂坊在沙面有两家店，两家店离得很近，环境方面翠洲园店更胜一筹。店就像一个大花园，有一半都在绿树成荫的室外。树下摆满了桌椅，人们就聚在绿荫下大快朵颐。广州的燥热让人们喜欢更晚些吃晚饭，兰桂坊的夜市就是城中最受欢迎的夜宵地。周末、节

假日，店铺里的桌椅都不够用。桌子间几乎只留一人过的空隙，以便能摆下更多桌子。即便已经夜深，这里依旧人满为患。

几十年前，兰桂坊是改革开放后沙面上第一批私营店铺，当时的兰桂坊只是榕树下的几个露天摊位。靠着打动广州人的好口味，才壮大成今天有好几家分店的人气餐厅。兰桂坊的菜式中带咖喱的非常多。咖喱蟹和咖喱虾有强烈的东南亚风格，咖喱味道浓郁，香气全部进入蟹和虾里，同时海鲜的味道也没有丢失。咖喱之外，乳鸽也是出名的菜品。乳鸽皮薄肉嫩，连骨头都能轻松咬碎，鸽肉事先腌制过，咬下去鲜嫩多汁，味道咸香适中。另一道秘制炭烤猪颈肉也堪称一绝。上等猪颈肉不带丝毫肥肉，切薄片炭烤。因为猪肉够薄，酱汁的味道全部渗入到猪肉里，非常清香，毫不油腻。蘸上配的水碟，带上一些辣味，又是另一种美味体验。正餐之后，还可以来一道椰汁木瓜炖雪蛤，甜而不腻，还能美容滋补。

广州，这座城

TIMEOUT CAFE
骑楼长廊里的艺术咖啡

在沙面找个舒服的咖啡馆并不难。但是今天，不去人满为患的星巴克精品店，不去宽敞的猫屎咖啡，我们要带你去沙面主街旁的安静小店——TIMEOUT CAFE。

对安静惬意的咖啡馆有向往的人，都会爱上这里。沙面的洋楼底下、转角处，TIMEOUT CAFE的招牌不经意间出现在人们面前。招牌很小，低调中带着一抹和谐的黄

色,和原建筑浑然一体。咖啡店坐落在骑楼的长廊下,精致的罗马柱和粗壮的花岗岩石柱撑起大门,一个写有"ARTSALON"的牌匾挂在门口,红白相间的地砖已经有些斑驳,好多颜色都已经脱落。就在这复古的门面边竖着一块小黑板,黑板上的艺术字和极具立体感的粉笔画显示出主人不俗的艺术功底。三三两两的客人已经在廊下坐着。廊柱间的木栏杆成了天然的餐桌,地上是红白的地砖,抬头是大方柱和复古的吊灯、吊扇,坐在其中好似身处巴黎的街头咖啡馆。欧式廊柱、木栏杆边惬意的一对对身影是让行人瞩目的风景,而在坐在这里的人眼中,过往的行人又何尝不是一道风景呢。

转角的墙上巨幅艺术贴画显示出新年活动的信息,边上的艺术沙龙里藏着吉他、油画、中国画、刺绣。再往前,尽头处才是咖啡馆小小的店堂。店堂只有三四张桌子,采用简单的工业风装饰风格。漂亮的老板娘忙碌着,咖啡香从机器中慢慢溢出,让环境温暖起来。别忘记点一份老板娘做的甜品,很少见的可露丽、带着玫瑰香的布朗尼或者令人回味无穷的布丁,都能愉悦你的心情。

端着咖啡,拿着甜品,再回到长廊里。在食物的香气中,一个安静的下午来到了。时间在这里仿佛静止了,你只希望能永远停留在这廊柱边的宁静时光里。

广州，这座城

文化公园
老城里的人民文化

文化公园在十三行路边上。在商业如此发达、如此喧闹的地方能有文化公园这一方净土，令人非常向往。文化公园在当地非常有名，一来它是老城区里历史悠久的公园，许多广州人的童年时光都在这里度过；二来这个公园除了一般园艺景观之外，还有许多文化场所分列其中，并且这些文化场所非常接地气，当地人非常喜欢来这里。在这里不仅能游园休闲，还能领略到广州老城里扎根于群众中的本土文化。

走进文化公园，各种场馆便迎面而来。带着孩子的家长们最先奔向的是水产馆和花卉馆，奇特的水产和美丽的花卉让孩子们大开眼界。捧着象棋的中老年人聚集在棋艺馆。树下，一盘盘棋局摆开，外面总是围着一圈看棋的人。棋局过后还要留下来复盘，大家七嘴八舌地讲着棋理。棋艺馆隔三岔五就有专业棋手的对局表演，同时也有本地曲艺演出在这里举行。在文化公园下象棋的历史悠久，第一代的全国冠军就是从这里走出来的，著名的五羊杯比赛也在这里诞生。棋艺馆还开设讲古坛，这里是体验广州传统讲古文化的最佳场所，每周六都有讲古艺人在这里演出。

水产馆的西侧是中心舞台，舞台正对的是进行文化活动的广场。舞台设施是专业级的，包括红线女在内的许多著名曲艺家都曾在这里演出。舞台上每天晚上都有专业的文艺演出，节目还是以粤剧为主，这里已经成为城区曲艺爱好者最常来的地方。在文化广场的一边是新建的十三行博物馆，在十三行路领略十三行历史，可谓身临其境。

要看园林景观最好去西关苑。中间是亭台楼榭、假山林立的西关园林，周围被一圈小场馆包围着。时常有人在场馆里练习丝竹，中式园林配上悠扬的民族乐曲，浓浓的中国风扑面而来。

还有众多场馆分布在公园各处，这里就不一一详说。这些丰富的文化场馆构成公园独特的魅力。这里被赞誉为"闹市里的绿洲""广州文化的窗口"，是体味南国情调的好地方。

广州，这座城

一德路
十三行最后的繁荣

　　一德路是广州老城里一条东西走向的马路，清朝时，广州老城的南城墙就在此。因为清朝时路上有一德学社，所以得名一德路。一德路诞生的历史并不算长，直到民国时期古城墙拆除后，墙下地面才成为一条路，那便是今天一德路的前身。近百年来，长堤、一德路借助靠近十三行而稳占广州航运中心的优势，成为重要的商业批发市场，甚至一度成为

珠江上的沙洲传奇

全国唯一的航运中心，带来空前繁盛的商业贸易。早期一德路已经是广州蔬菜、瓜果、鱼、副食品的集散地，此后海味逐渐成为主力军，一德路也以"咸鱼最多"闻名羊城。

现在的一德路依旧是异常忙碌的市场。每天一大早人潮便熙熙攘攘，一辆辆平板车在街道上"哐啷"而过。道路东西两端主打玩具，中间段是海味和文具的天下。在教堂的朗朗钟声中，元贝、蚝豉、干鱿等海味的气味混合着扑鼻而来，似乎点把火就能有粤式海鲜高汤可以喝。一德路海味市场曾经垄断了全球鲍、参、翅、燕70%的销量和定价权。而

与一德路平行、相隔不到 200 米的长堤大马路，与一德路一起，共同引领广州大半世纪的饮食风尚。

东面有 6 层楼的万菱广场，西面密密麻麻地排列着国际玩具城、中港玩具城等数不清的玩具铺。人偶、模型等成千上万种玩具在这里陈列着。相比安静、朴素的海味店，玩具店气味少，颜色和灯光却多了很多，可以说是五光十色，让人看花了眼。

近年来一德路批发市场也受到了网络购物的冲击，许多仓位都空了出来，但总体上还能看到十三行传承下来的繁盛景象。一德路周边的多数街道都是忙碌的批发市场，只是售卖主题不同。每次来到这里都能看到店主们熟练地运货、收货、发货、打包，你也能在忙碌的身影中间找到各种批发价的便宜货。十三行最后的繁荣还在继续。

林记粥品店
老街巷里又见人气粥店

平凡事业也能有大作为，林记粥品店就是这句话的真实写照。它在老街巷的骑楼里卖了几十年清清淡淡的粥品，做了几十年街坊早餐夜宵的零碎生意，然而却是广州城里最聚人气的食店，成就了一段关于粥的传奇。

广州最负盛名的粥店店面平实，亦如一碗清粥。骑楼朴素的立柱中间横着白色大招牌。店里空间狭小，只容靠墙各放一排桌子。墙上到处贴着昔日各类媒体采访的剪报，写着"客

"似云来"的匾额下更是贴满名人到店的照片。广州城里著名的美食节目主持人专程来这里打包试吃,对林记赞不绝口,曾经有人半夜驾豪车专程来此只为喝粥。就连店铺搬离旧址也曾令一众老广州人失落了一阵子。

尽管身负盛名,林记还是坚守做街坊小生意。主理人芬姐讲,他们并不想做太多宣传,亦未打算加盟开分店,还是低调一点实际。"因为家庭小作坊的经营,做的是街坊生意,保证品质最重要。"

平时店里来往的客人也确实多是街坊。当然也有不少慕名而来的食客,尤其是在夜宵时段常常真的"客似云来"。咸煎饼加上咸瘦肉粥是林记的招牌搭配。煎饼香脆中带有柔韧的口感,咸中带甜,还能吃出南乳酱的甘香。煎饼因为是油炸的,配上一份粥正好刮去油水,两者的口感刚好互补。瘦肉粥分量十足,肉香融于粥中,米水黏稠,口感地道,还有降火功效。

在顾客中有些还是当年在大新路旧店附近上学的学生。几十年过去了,曾经的学生有的都成家立业了,还不忘来新店照顾生意,回忆一下当年的时光。对于许多广州人来说,一碗好粥就是最美好的记忆。

石室圣心大教堂
中国风的哥特式建筑

在一德路的海味中,两座高大的哥特式尖顶建筑被骑楼群包围着。这就是著名的石室圣心大教堂。

自 1863 年起,这座教堂便矗立在这里,其原址前身是封疆大吏两广总督的府邸。当时的总督府邸已经在第二次鸦片战争中被毁坏。战争过后,罗马教廷派来的宗座监牧明稽

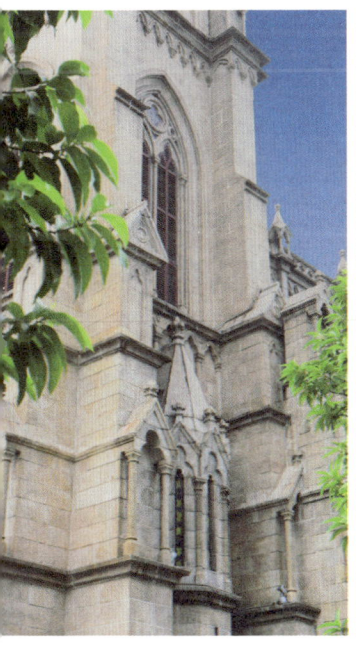

章看中了这里。一番巧取豪夺后，地面上开始垒砌第一块花岗岩。25年之后，在法国设计师和中国工匠的共同努力下，这座雄伟的教堂终于完工，直到今天依旧屹立。当时的建造者还分别从罗马和耶路撒冷运了1千克的泥土来，并在1863年奠基时埋在教堂的地下，现在教堂正面东侧墙角下的"Jerusalem 1863"和西侧墙角下的"Rome 1863"的刻字仍然非常清晰。

这座教堂是天主教广州教区最大的教堂，国内现存最宏伟的双尖塔哥特式建筑之一，东南亚最大的石结构天主教建筑，也是全球4座全石结构哥特式教堂建筑之一（另外3座是巴黎圣母院、威斯敏斯特教堂、科隆大教堂）。由于教堂的全部墙壁和柱子都是用花岗岩石砌造而成的，所以又被称为"石室""石室耶稣圣心堂""石室天主教堂"。

有人说石室圣心大教堂的设计抄袭了巴黎圣母院，而实际上它将传统哥特教堂和中国传统元素巧妙地结合了起来。教堂坐北朝南，沿用中国传统，背靠越秀山，面朝珠江。而教堂平面俯视却呈十字形，这是欧洲教堂建制的标准设计方法。教堂花岗岩石的砌筑并非

采用当时在西方已相当成熟的水泥砂浆工艺,而是沿用中国传统的糯米桐油砌筑方法。

它的正面有一对巍峨高耸的双尖石塔,双尖塔呈空心八角锥形,石块与石块之间用铁杆连接,尖塔顶端玲珑剔透,塔尖直插天际。塔楼下,硕大的玫瑰花窗闪耀着光芒。窗棂雕琢秀巧,玻璃拼合得天衣无缝。每当阳光通过玫瑰花窗映照进内堂,都衬出美丽的色彩。教堂的正门,列柱式合掌形的大门层层深入,7根圆柱显示出石室主教座堂的地位。木质大门上雕刻着中国传统的葡萄、梅花等图案,有富贵、平安等寓意。

教堂侧面的一种艺术与功能结合的雕塑——螭首也是一绝。30只中国传统的排水神兽神态各异,美观的同时也能让雨水顺流而下,堪称独具匠心的设计。

教堂向普通游客开放。走进教堂,高大的伞形穹顶当空,华丽的玻璃吊灯悬在其下,教堂独有的庄重肃穆气势随之而来。花窗洒落彩色的阳光,一块一块地将小圆柱、大拱券、墙壁都染成了彩色,让肃穆的教堂顿时多了绚烂的颜色。

二沙岛
珠江上的净土

二沙岛又称二沙头、二沙头岛,位于广州市中心珠江河段上。岛四周江水环抱,南临珠江主航道,北靠珠江次航道,西北角面对东山湖公园,北面与珠岛宾馆和五羊新城隔江相望,西靠大沙头码头。

现在的二沙岛已经是高档社区、大型绿地公园和文艺场馆的集合体。漫步其间可以远离都市的喧闹,感受世外桃源般的安静和惬意。从广州大桥下到二沙岛,迎面而来的便是

广阔的绿地公园。四五个公园从东到西连成一片，高大的乔木在公园里遮天蔽日，一条条悠长的小径在草地中蜿蜒。骑行者从林子里穿过，跑步爱好者在草地边经过，家长带着孩子坐在草地上，一顶顶帐篷在绿地上撑开。当然最舒服的还是在摇晃的吊床上小憩的人。

　　公园的南北滨江地带都有观光绿道。骑行的道路和行走道路被明确划分开来，人们各沿其道地行走其间。在靠近星海音乐厅附近的江滨道上，流浪歌手正在高歌，老练的演唱技巧和独特的嗓音立刻吸引了一批围观者，人们席地而坐，在树荫下静静听歌手演唱。不远处就是专业歌者表演的场所——星海音乐厅。这里是岛上的商务区，雕塑园、美术馆、博物馆、电影院都集中在这里。

　　夜幕降临后，江边的流浪歌手还在歌唱，有时还会有民乐演奏者来江边表演。这时远处的"小蛮腰"已经亮起了绚丽的灯光。在如此宏大的背景下，飘来一曲粤语歌声，应景地显示着广州的魅力。仅隔一条马路，以W3、C1club为代表的高级酒吧打开了隐藏在森林沙岛上的夜生活。那些摇摆的身影、狂热的音符飘荡在绿色的沙洲之上，和江边的粤语歌一同在"小蛮腰"下交会。

老工厂里的新生活

海珠区,这里将是有别于珠江北岸老城区的另一番天地。

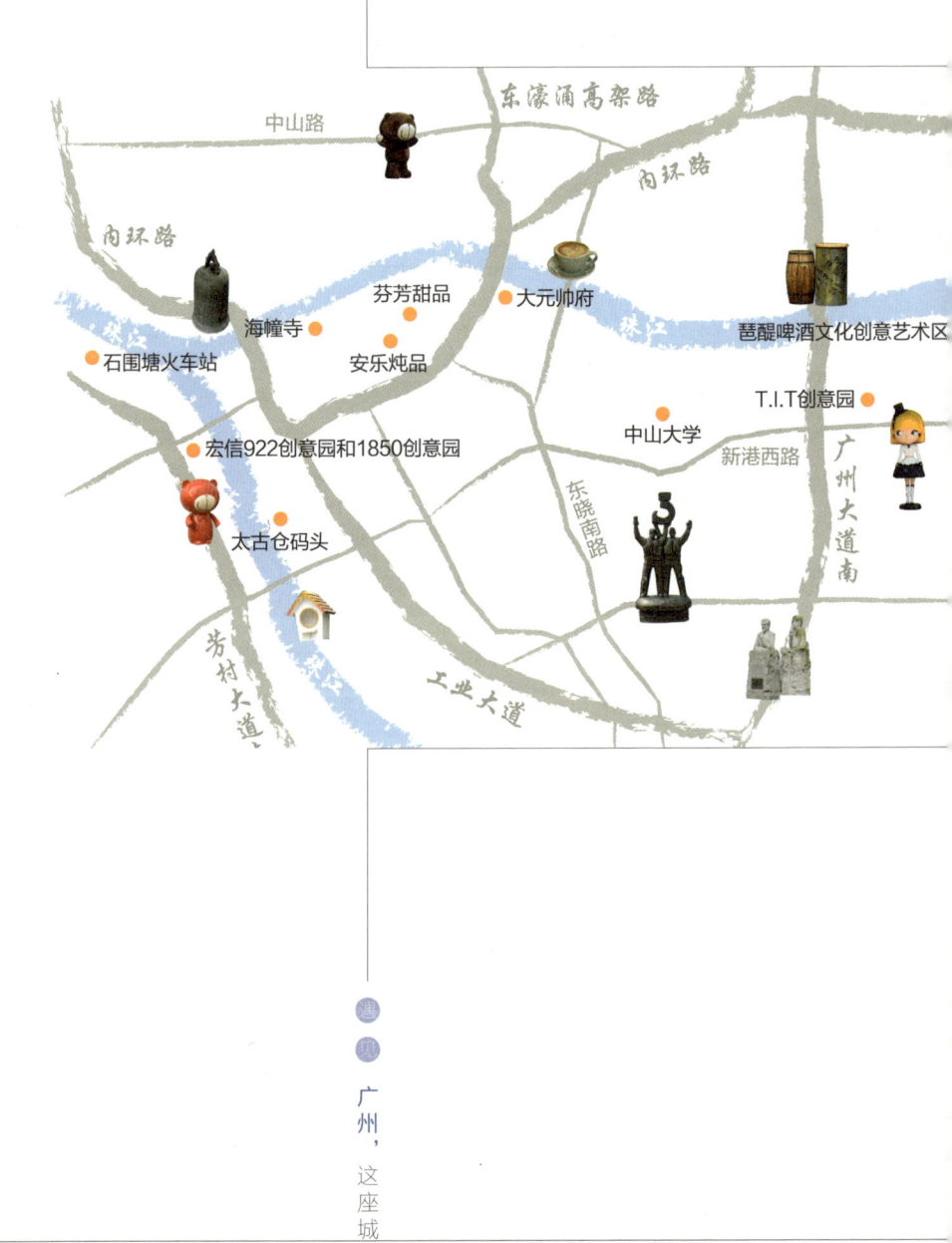

广州，这座城

老大学遇见新江滨

这里已经有了成熟的商业区。安乐炖品、芬芳甜品都是广州的老字号,味道自然也是很地道。这里也有从前的遗迹。和孙中山息息相关的中山大学、大元帅府分列江边。工厂变成政治中心,最后成为游客探寻和市民休息的城市地标;大学几经变换从岭南大学变为中山大学;海幢寺里的铜钟也见证了悠久的历史。

南岸的重点当然还是变身后的工厂。曾经工厂林立的海珠区,现在已经是创意园的天下。加工制造业的转移让多个空厂房迎来了新的身份,啤酒厂变成了啤酒文化创意园。博物馆和庞大的酒吧群制造了广州夜生活的新亮点。

还有太古的仓库码头、纺织机械厂、印刷厂、机器厂、双氧水厂,不论年代先后,统统成为创意办公和文艺展示的场所。一个个文艺爱好者,坐在机械边、砖房里呼吸着最新鲜的文艺空气。在这里也能找到许多潮店。一次华丽转身,让这些老旧的工厂成为广州旅游的新亮点。

当然也有历史悠久的老物件。旧旧的铁路月台边,石围塘这个中国最早的火车站之一居然还在频繁地被使用。叉车、卡车、运货工人还在这里忙碌。更忙碌的是怀旧的摄影爱好者,衣着亮丽的姑娘们走在杂草和铁锈相间的轨道上,一次次快门按下,美丽的身影和陈旧的铁路线被记录了下来。老车站虽老旧沧桑,却依然是一些人心中最华丽的景象。

广州，这座城

琶醍啤酒文化创意艺术区
珠江边的珠江啤酒

有轨电车沿着珠江边的轨道缓缓驶入琶醍站，一个个游客走下电车去看啤酒厂的新生。

琶醍本来是珠江啤酒的工厂区。几年前苍白、枯燥的货运码头和工厂，一夜间变成珠江上颇具看点的创意园区。在磨碟沙隧道的地面上，工厂厂房被改造成餐厅、酒吧，绵延

上千米的观光带和少见的啤酒博物馆。现在琶洲上的工厂区已经成了珠江沿岸亮眼的都市名片。

  白天的琶醍是安静的。因为大部分建筑都被改成了餐厅或酒吧,白天的游客大部分是来拍风景的摄影者。江边在有轨电车的上方是腾空而架的观光平台,平台上满是酒吧的桌椅和新奇的装饰物。远处码头上原先作业用的钢梁都被保留了下来,与"小蛮腰"和跨江塔桥形成了新老的对比。

  这里的主角肯定是珠江啤酒。白天,游客在色彩斑斓的啤酒文化博物馆里了解麦芽、酵母、啤酒花的世界,见证珠江啤酒的历史。夜晚,人们钻进五光十色的酒吧里,一瓶瓶直供的珠江鲜酿陪人们度过兴奋的珠江之夜。观光平台被各种灯光点缀着,绚丽的"灯光宫殿"里男男女女在窃窃私语。珠江夜游的船只越过乳白色的猎德大桥,在深蓝的江面上留下彩色的波浪。抬头看去,啤酒厂高耸的烟囱已经变成一根硕大的 LED 灯柱,它背后是更高大的"小蛮腰"。广州的夜在这里闪耀着,让人们忘记了这里之前只是一个朴素的工厂。

T.I.T 创意园
悠闲、惬意的工业风

在白色"小蛮腰"下，T.I.T 创意园里数个彩色人形剪影欢迎着来此游览的人们。它的前身是广州纺织机械厂，经过几十年演变，终于成为广州最出色的创意园区之一。

T.I.T 创意园的改造独树一帜，这里既是创意产业的办公地，也是休闲餐饮的集中区，又是一个充满创意和回忆的绿色公园。

　　虽然已经改造成创意园，但工厂的痕迹依旧处处可见。高高立起的钢架子被用作了指示牌，铁锈色的钢铁和沧桑的木板搭配，既实用，又艺术。原来的砖石大锅炉被保留下来，配上几个铲煤的雕塑，成为体现工厂记忆的艺术品。除了锅炉，各种老的机械都被拿出来，做成了点缀园区的装饰，再立上一块简介牌，这既是艺术，也是历史。

　　走近园区的建筑，你会发现好多旧厂房依然保持着原来的样子。生锈的钢梁框架原封不动地保存着，残破的玻璃窗半开着，有趣的老石狮在地上趴着，黄黄绿绿的树叶时不时掉下来。黑褐色墙壁的18号厂房已经被改造成了十八库咖啡吧，有的设计师工作间里现在还垂着大吊臂。园区里充满着过去的痕迹，保留着独特的纺织厂原生态，让行走其间的你既能领略艺术创意，又能缅怀过去。

　　T.I.T的独特还在于其完全开放的模式。不管是设计师，还是周围的居民，都可以自由地到这里来体验创意的乐趣。如果你一早来这里，可以发现大妈们提着录音机来跳舞；而中午，林荫道上则是三三两两从Loft式写字楼里走出来的上班族；午后，几个抽烟的白领或设计师在厂房背后的树荫底下相聚；周末，时髦的青年人聚集在这里，寻找奇怪厂房里的设计师服饰，或者在漂亮的园林咖啡座休息。在这里既能找到设计师原创的潮流的服饰，也能看到具有设计感的酒吧、咖啡吧、另类小店。在T.I.T里或走，或停，或坐，都是充满乐趣和回忆的艺术之旅。

中山大学

花园洋楼中的历史名校

中山大学毫无疑问是广州的一个文化地标,这所由孙中山先生创办的大学已经走过了100多年的历史。今天位于珠江南岸的校址是原岭南大学的校区,1949年后岭南大学并入中山大学,中山大学原来在石牌的校区交给其他大学,中山大学整体搬迁到珠江边的康乐,也就是岭南大学的原校址。

岭南大学源于1888年创立的格致书院,是中国最早的大学之一。这所岭南大学最初是美国教会所办,发展历程跌宕起伏,现在在香港还存有岭南大学,延续着它的历史。走进中山大学,你还可以看到岭南大学在这里留下的深刻印记。

中山大学的大门朝着珠江。一座大气的牌坊矗立在珠江边,上面写着"国立中山大学"。牌坊仿照的是当年石牌校区的旧物,而在大约相同的位置上,岭南大学也竖起过类似的牌坊。穿过牌坊后的绿化带,便是中山大学的正式校门。校门里先是被环形水系围绕的绿地,随后就是左右对称的校园。校园中间是贯通的草坪,草坪两边是校舍建筑,草坪两边各有一条大道,是整个校区的主路。游览时可以环主路走一圈,把两侧都看一遍。

在校园里行走,会让人感觉时间回到了20世纪初。绿色的树叶遮天蔽日,学子围坐在青青草坪上。绿树和草坪掩映中,中山大学众多的老建筑一一展现出来。它们大部分外墙都是红褐色的砖石,有着大同小异的立面装饰。西式的斗拱、立柱时有出现,正体现了当年的风格。建筑还有很强烈的岭南风格,大大的飞檐、浓墨重彩的梁栋、绿油油的琉璃瓦几乎是每个老楼共有的特征。这些建筑大都叫某某堂,紧贴中轴线分布。在校园南侧还有一批小别墅式样的建筑星星点点地散落在蜿蜒的小道边、起伏的草地上。这些别墅并未做教学用,似乎就是给人参观游玩的。每天都有大批游人前来留影、玩耍,好不热闹。

中轴线的草坪上,惺亭和进士坊传递着古老的文化命脉。在惺亭的背后,孙中山先生的雕塑矗立着,似乎在凝视着莘莘学子。几代人薪火相传才有了今天的中山大学,十分值得参观。

大元帅府

孙中山的元帅生涯

在珠江滨江中路有一个大元帅府码头。码头背后的天桥下是一个宽阔的广场,大人带着孩子在广场上休息,轮滑老师在教一批活泼的孩子滑轮滑。在欢乐的人群中,一尊黑漆漆的雕像立在中间,是孙中山身着元帅服的雕像。雕像背后就是孙中山身为元帅时的府邸。

孙中山在这里两次就任大元帅,领导民主革命,小小的两幢楼则是当时南方革命政权所在地。

现在的大元帅府是纪念馆,是以大元帅府旧址的建筑为依托的遗址性纪念馆。两幢黄色的洋楼就是当年孙中山的府邸。这两栋楼造型别致,是3层的西式建筑。它原本是光绪年间建造的士敏土(Cement)厂,也就是广东的水泥厂。洋楼设计师是广东当时著名的澳洲设计师帕内,在建筑的长廊里就有这位设计师的相关展览。

1917年孙中山就任海陆军大元帅,率海军南下开展护法运动,士敏土厂第一次被孙中山征用为元帅府。1923年孙中山再次回到广州,在这里设立元帅府大本营。直到1925年7月1日,中华民国国民政府在广州正式成立,大本营才完成了它的历史使命。现在游客可以参观的黄色洋楼原是工厂的办公室。当时除了办公室之外还有厂房,孙中山只征用了黄色洋楼做驻地,厂房还是照样运作。现在旧址仅剩两栋黄色洋楼,其余厂房、宿舍等建筑都已不复存在。

黄色洋楼是根据史料按原貌修复的。幸运的是,除了门楼是重建的,两座建筑都是原来的老建筑,没有大的损坏。现在北楼变成了一个陈列馆,你可以在这里了解到孙中山在广州3次建立政权的历史脉络。大量照片和实物,让你可以重温这一段革命历程。南楼则更加"修旧如旧",按照当年的样子重新摆设,恢复当年陆海军大元帅大本营的原貌,可一窥孙中山与来往要员的生活工作。在孙中山卧室里还塑造了孙中山夫妇的塑像,呈现出二人工作的场景。

两座洋楼的外侧都有带拱券的长廊。这些长廊里有各种展览,大多和民国时期的广州有关。走在拱券的阳光下,看看立柱上往昔的广州,身临其境地"回到过去",别有一番滋味。

广州，这座城

芬芳甜品
甜品店里的大佬

在同福路上，芬芳甜品的门面居然有3间，长达十几米，这在广州非常少见。一个甜品店占据了3间商铺，却还是人满为患，可见芬芳甜品在人们心中的地位。

芬芳甜品从1982年开业至今已经有30多年的历史了。芬芳甜品十年如一日坚守着老广州甜品的传统技艺，甜品品质一直有保证。芬芳甜品的食品从传统糖水至新式甜点应有

尽有，价格平易近人，自开店起就受到街坊欢迎，街道上常排起长龙。从1间店开到3间店的芬芳甜品已经是同福路上最有人气的店铺了。

到芬芳甜品一定要尝尝大名鼎鼎的甜品糖不甩。这个在广州小吃界几乎销声匿迹了的甜品，8块钱一份，一份6个，棕色糯米球上撒满芝麻糖粉，口感酥滑香甜、甜而不腻。另外，汤圆、韭菜煎饺、糖水等都是店中的招牌小吃。煎饺外面香脆，肉馅多汁；杧果西米露里西柚粒很多，酸甜的果粒加上冰冻杧果雪糕球和香气十足的椰汁，再混入顺滑的西米露，吃了能消解暑气，令人心情大爽。

海幢寺
居民楼下的古刹

在南华中路狭窄的道路边，陈旧的骑楼中傲立着一排灰石的牌坊，牌坊上写着"海幢寺"三个字，牌坊就是寺庙的山门。

海幢寺能在海珠旧城中傲立，足以说明它不凡的地位。海幢寺是广州最重要的古寺之一，广州"四大丛林"之首。海幢寺最早是汉代的千秋寺，后来变成私宅园林，直到清初

才重修庙宇,有了海幢寺。清朝时海幢寺盛极一时,以八景闻名,规模是现在的3倍,冠绝广州。可惜在战乱年代两次遭劫,文物古迹遭到破坏,寺庙只剩天王殿、大雄宝殿和塔殿。

现在灰色牌坊山门内,寺庙已经修葺一新。大雄宝殿里3座铜佛高大、雄壮;天王殿里四大天王威风八面,栩栩如生。大雄宝殿前有石塔,后殿里还有一尊铜塔,皆工艺精良。庙里的巨型香炉香火兴旺,总有轻烟悠悠飘起。庙里的空地是附近老人的乐园,他们没事就会聚到庙里闲话家常。寺庙门口还有图书馆,有大量佛教书籍可供借阅。最有趣的是,在庙宇前院一侧放着2大1小3口古钟,古钟都带着铜锈,钟上趴着的造型诡异的神兽,一看就知道有些年头。再看铭文,方知铜钟都是清朝遗物。这3口钟是庙里仅剩的古物,也是海幢寺曾经辉煌的唯一见证。

庙外的骑楼下,许多广州人坐在餐桌前吃着素食。这里对年长者只收10元钱,因实惠的价格和美味的食物成为街巷市井最受欢迎的用餐场所。在一碗碗素膳中,古庙的信仰还在延续。

广州，这座城

安乐炖品
破烂铺子里的老味道

炖品是广州美食的一大亮点。广州人家的味道就是妈妈炖的一碗汤。广州大街小巷各式各样的饮食店内，炖盅是再常见不过的特色美食了。不管春夏秋冬，炖品店的蒸炉总是热火朝天。一盅看似简单的炖汤，价廉、味美，富有人情味，蕴含了这座城市最市井、最真实的一面。

在安乐炖品那个狭小、杂乱的小铺子里，藏着广州最真实的炖品文化，它也把广州街巷上最真实的市井美食呈现出来。1991 年开张的安乐炖品店门面很小，面积也不过只能

摆上三四张桌子。就是这小小的店面，却以香气四溢的炖品坚守了 20 多年。金属蒸笼就放在门口，伙计时不时用毛巾垫着抓住笼屉的把手，把抽屉式的蒸笼拉出来看看再推进去。里面放的就是一盅盅炖品。这里的炖品品种繁多、用料十足、火候老到，关键是还坚持着实惠的价格。不管客人点什么，伙计总能瞬间从蒸笼里准确找到那一盅。递上的炖品保持着温热的口感，因各种汤料不同，飘出不同的香味。很多老广东都会远道而来，回味一下传统炖品的味道。

特别推荐淮山鸡骨草炖猪横脷，猪横脷厚切，配上夏枯草、蜜枣，是清肝火的首选。另一种虫草花枸杞水鸭，有点甜甜的，很清润。花旗参炖竹丝鸡，料非常足，满满的一盅都是好料。五花八门的炖品味道不甚浓烈，但淡淡幽香中却饱含食材真味，这正是广州饮食文化的真谛。

太古仓码头

仓库变城市客厅

一幢幢红砖仓房顶着灰色双面斜坡顶，立在太古仓路的码头边，这就是太古仓码头。曾经这里是太古洋行繁忙的码头、仓库，而今天码头有了时尚与休闲的新定位，摇身一变成了城市的"客厅"。

一个世纪前，著名的太古洋行在珠江边大兴土木。数座红色的仓库拔地而起，太古的货轮在码头进进出出，众多劳工扛着大包奔走在跳板上。这就是太古仓最初的经典画面。

现如今,红色的砖墙依旧,来往的却是好奇的游客、打扮入时的时尚人士、牵手的甜蜜情侣。一个繁忙的货运码头沉寂了,一个活色生香的娱乐场粉墨登场。酒楼、酒吧、电影院、咖啡馆、红酒采购中心纷纷占据码头、仓库。众多时尚品牌在这里举行发布会、展示会,各种秀场在这里亮相。

不过工作日的白天,这里比较清静。工人们在仓库里忙着为晚上的生意做准备。粉色的冰激凌车车门静静地敞开着,老板却不见踪影。爱美的姑娘们在码头上闲逛,不时停下拍照。还有人带来可爱的宠物犬,悠闲地在码头上散步。码头一边是仓库,一边是停满游轮的船埠。船埠也已经被开发,多家酒吧、酒楼入驻。沿江的空地上满是空着的桌椅,到了晚上这里可是最受欢迎的露天座位。但白天,最受欢迎的还是开满红色三角梅的红砖墙和水塔下的 Choco Teddy 体验店。

细心的游客会注意到仓库墙上的介绍牌,原来看似一模一样的仓库都有不同的故事。抗日战争时期这里曾是日军物资转移的基地,曾被烧毁,甚至遭到炮击。历经曲折的历史,仓库终于结束了仓储的命运,成为广州亮丽夜生活的一部分。暮色降临时,太古仓才真正躁动起来。酒精的气味飘荡在江风中,黑夜带走了白日的暑气,也带走了仓库、码头的陈年旧事。

宏信922创意园和 1850创意园

创意园里重拾岁月印记

宏信922和1850两个创意园离得很近，都是芳村大道沿线滨水创意产业区中的一员。从最早的民族工业到新世纪的创意产业孵化地，在安静的创意园里还能拾起一些过往岁月的点滴。创意园一带是广州工业和仓储的重要地段，许多的大型生产企业、码头、仓库均设立在这里。随着城市的扩张，往日的生产企业和仓储因环保、土地使用等问题逐渐搬离市区。利用留下的地块，开发以第三产业为主导的创意产业是对这些土地和建筑的重新利用。

　　宏信922创意园使用的是协同和机器厂旧址。这个主厂房建成于1922年的老厂是广东工业发迹和壮大的基地，中国第一台柴油机就在这里诞生。园区的922就取自建厂年份的后3位。现在的创意社区中，旧厂房依旧矗立着，从颜色到形制有些像元帅府的黄色大楼。厂房前褐色的机械臂悬在半空，虽然只剩半截，仍不难由此想象出当年机械轰鸣的场景。边上还有一栋灰色西式洋楼，应该是原来的办公楼，如今已成为公司的驻地。宏信922创意园的面积并不大，有一条小河穿梭其间，环境宜人。河岸边每隔十几米就有一尊工业名人的雕像。有的榕树斜刺在河堤上，一条条气根垂下，像古人的胡须一样在风中飘荡。

　　和"娇小"的宏信922创意园比，1850创意园要大得多，可看、可玩的也更多。1850创意园前身是华南最大的双氧水厂。现在76间厂房被彻底改造，营造出一个集艺术创作、文化展示、休闲娱乐、办公生活功能于一体的品位空间。旧厂房里攀在大墙侧面的高大铁楼梯已经生锈，藤条肆无忌惮地蔓延，高耸的圆形烟囱是园区的最高建筑，从这些建筑中还能找到当年工业时代的烙印。就在它们的旁边，由几个白色图形构建的展示中心外墙却凸显了当代设计的风格，让时光又穿越回现代。另一边门口的将军府展示了清朝的徽派建筑美学。这座从江西搬来的将军府邸成了园区里另类的存在，也是很多人花最多时间逗留的景点。园区里入驻了很多创意产业公司，它们把建筑外立面和周边设计得艺术氛围浓郁，创意十足。你可以看到石钟乳立在玻璃、钢架之间，小小流水出现在茶馆之外，遮阳伞摆在了空中。还有许多小店更值得深入探访。不少咖啡吧和西餐厅分布在园区里，有几家服饰店更是潮得很。最有趣的是一家纸质品店，用纸做的世界著名建筑和各种动物让人大开眼界。

　　据说1850创意园的名字来源于1850年广州名列世界十大经济城市之四这件事，是为了见证广州成为国际性都市的光辉历史。100多年过去了，广州还在继续自己的故事，曾经的双氧水厂也翻开了新的篇章。

广州，这座城

石围塘火车站
老旧车站的文艺新生

古老的铁路线上，黑漆漆的货运火车纹丝不动，叉车忙着卸货，这是石围塘火车站的日常景象，看上去有些落后于时代。然而在怀旧风盛行的今天，古老的铁道线却成了广州城中文艺分子们热衷前往的乐土。

铁道闸口依旧在运作，石围塘的火车站的工作生涯还没有走到尽头。小小的闸口上，铁路工人还在维持安全秩序，而车站的货运仓库附近依旧有忙碌的工人在卸下沉重的货物。

这个还在忙碌的车站是中国最早的火车站之一。它原来是广三铁路的起始站，1903年就投入使用。那时石围塘火车站是一个客运车站，搭火车赶到"省城"的乘客从车站匆匆走出，沿着车站雨棚直奔渡口。那时的"省城"还在对岸，那时的"省城"还没有跨江大桥。

100多年后，石围塘火车站已经变成了单一的货运车站。除了变成货运车站，许多老物件也被时光带走，蒸汽机车水塔、雕像都被拆除。好在现在还有几处百年建筑存在。周末，怀旧的人们络绎不绝地前来参观游览。铁道上、行车下、东风火车头旁，到处都是来参观的人们，有时还有摄制组前来拍摄。除了车站，周围的石围塘老村子也保持着原生态，似乎被时光遗忘了。以前摆渡乘客去"省城"的码头依然在运作，有2条线路，可以到达广州的好多地方。坐上崭新、舒适的新摆渡，乘客们告别了停留在过去的石围塘火车站，一个新的"省城"又在对岸等着他们。

海港里的一些故事

从祭海的神庙到沙洲湿地再到岭南旧屋,这场从黄埔到番禺的旅程中有着众多广州过去的回忆。不论是沙洲的绿意盎然、生机勃勃,还是黄埔的历史传奇,又或是岭南园林的清雅,都是广州重要的一部分。

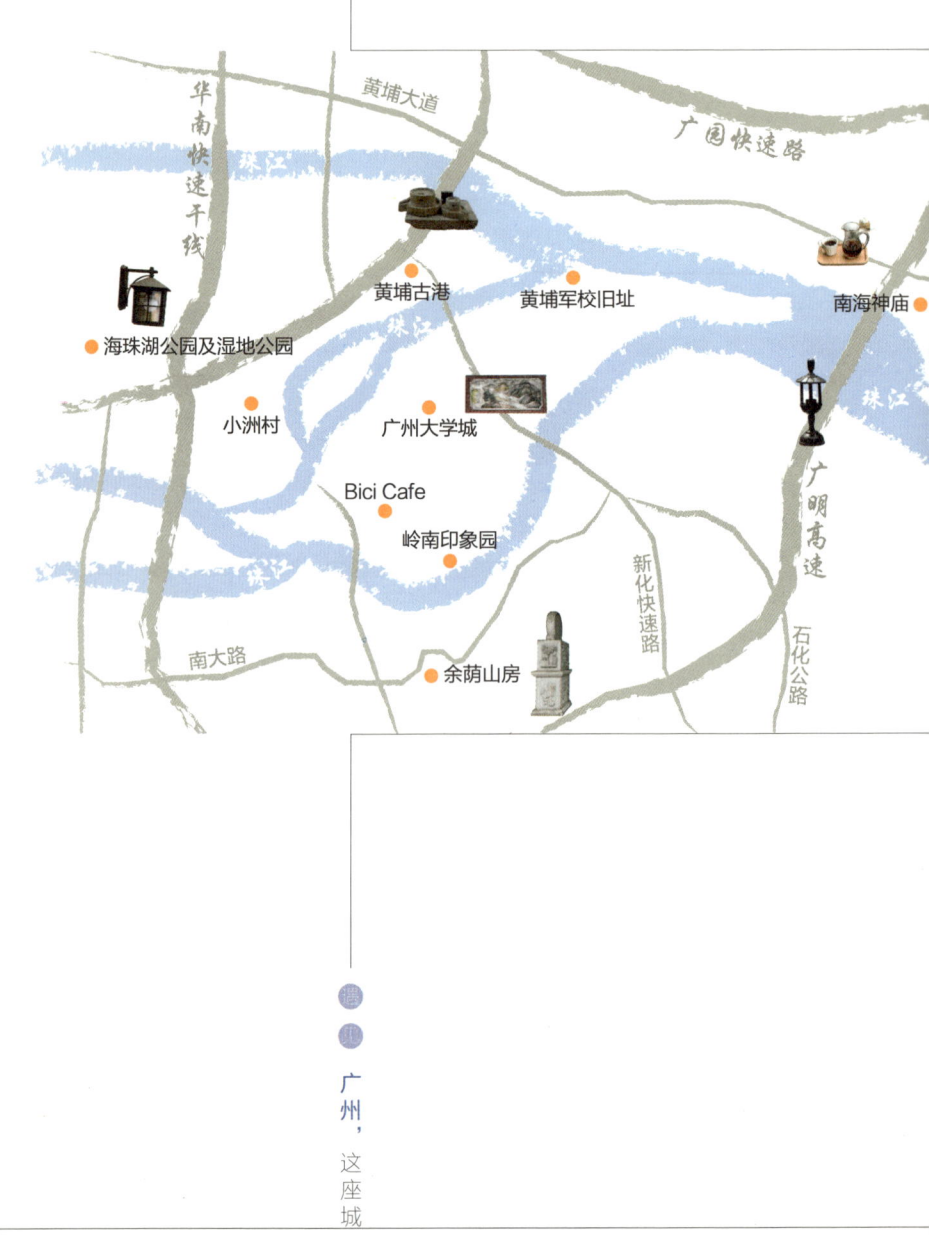

广州，这座城

岭南旧模样

在南海神庙雄伟的庙宇里，广州荡气回肠的海运史可见一斑。古老的海神信仰毫无疑问是这座由航海业催生的城市最好的注脚。在中国，这样深厚的海洋文化似乎只能在广州这样的城市寻到。

不过论起名气，比起南海神庙，晚了1000多年的黄埔军校要更胜一筹。这个中国近代革命史中重要的标志影响了中国此后的命运。而如今，黄埔军校成为一个著名景点，将军事区里的古迹向游人开放。

再远行些，长洲岛上的村落旧貌还依稀可见。然而和江对面的黄埔古港比起来就新得多了。这里曾是广州海洋运输重要的枢纽，也是最早海关所在地。至今繁盛的贸易，就从这里启航。

同样有些"旧"的是小洲村，作为一个艺术村落，它曾经吸引了整个广州的艺术青年。古老的建筑里有精致的店铺和悠闲的咖啡馆。旧中也有新，小岛上诞生的大学城崭新得像刚打开的礼物。宽阔的大道上，学子们骑着自行车穿梭，无处不在的绿地和树林都是骑行路上的风景。

在大学城的最南端，练溪村变成了岭南印象园。古老的村落加上岭南旧风物，一场怀旧之旅中能看到岭南过去的点点滴滴。比这里更为古老和原汁原味的是再往南一些的余荫山房。南方园林里藏着百看不厌的岭南传统建筑，亭台楼榭间处处是传统文化的美。

广州，这座城

南海神庙
平波安海的大庙会

广州曾经是海上丝绸之路的重要城市。时过境迁，如今能找回它海上记忆的遗迹已经越来越少了。南海神庙毋庸置疑能让人们重拾它兴于海路的过往。

这座藏在广州东郊珠江边的古庙是广州航海史的最好见证。从名字中你就能读懂，它是中国古代祭祀海神的庙宇。它的历史可以追溯到隋朝，也就是说，在1 400多年前，广州地区已经普遍存在航海活动了。在随后的历史中，南海神庙成为各国船只祈福的场所。

　　南海神庙对当地的影响是多方面的。庙宇外的村子就因地处庙宇头上被叫作庙头村，南海神庙的游览就要从这个庙头村开始。穿过庙宇小路时，你会看到烧着火的一口口露天大锅，里面蒸的是当地最有名的特产波罗粽。波罗粽也是因为神庙得名，因为南海神庙的另一个名字就叫波罗庙。波罗粽本是波罗诞（即南海神诞）时的特色食品，现在成了庙头村常做的美食。这种粽子用料大同小异，甜的是枧水粽，咸的是糯米包豆夹咸肉，不过现如今村里已经发展出了十几种口味。波罗粽用芭蕉叶包裹，形状像枕头。

　　吃完波罗粽，波罗庙就在眼前了。宽广的广场让庙宇"气宇轩昂"起来。刻着"海不扬波"的牌坊在庙前最显眼处。牌坊前有一个古埠，缓缓的斜坡，粗糙的石板，一看就知道经历了上千年的风霜雨雪。

　　经过两尊被玻璃罩起来的石狮子，游人抬腿迈进庙宇大门，宏大的庙宇一下子呈现在眼前。中轴线上由南向北分别有牌坊、头门、仪门、礼亭、大殿、后殿，两侧有廊庑，西南小岗上有浴日亭。庙宇建筑大部分遵循清朝格局，不过有一些却遵循周朝的古制。大殿

是 1949 年后重建的，后殿则是民国时期的钢筋混凝土建筑。庙宇的特别之处在于，只有在这里你才能看到中国海神的形象和海神庙宇的规制。历代皇帝都非常重视这一庙宇，庙中碑刻极多，从各朝皇帝的御碑到韩愈、苏轼等名人的碑帖均能在庙里找到，庙宇因此也有了"南方碑林"的称号。除了碑林，庙里还有许多古迹，随处可见玻璃罩起来的文物。庙宇侧门外还有一个小规模的岭南文化展，山坡上陈列了大量明清时期的岭南建筑部件，还展示了许多岭南传统建筑的细节。

每到农历二月十一会有为期 3 天的波罗诞庙会，庙会上将重现祭祀海神的盛况。这个庙会是珠三角地区规模最大的庙会，也是目前全国唯一能看到的祭祀海神仪式的庙会。海上丝绸之路虽然沉寂了，但这座庙宇却神奇地被保留下来。当庙会的香火重新燃起，人们仿佛又见到了当年海上丝绸之路的繁盛景象。

黄埔军校旧址

军舰背后的军事记忆

　　宽敞的摆渡，摇摇晃晃地将一船人从鱼珠码头送到了黄埔军校旧址码头，有趣的黄埔军校之旅就此开始。

　　前往黄埔军校旧址要经过一段坐船的旅程。黄埔军校选址在一个小岛上，黄埔实际上是珠江上的沙洲。这个珠江上不起眼的沙洲因为这所军校而被中国人熟知。

实际上,在黄埔军校设立前,这里早就是军校了。在清朝时这里就是陆军小学和海军学校,到民国时期,在苏联支持下建起了比较正规的陆军军官军校,也就是众所周知的黄埔军校。这里因此成为中国近代革命史上一个重要坐标。

直到今天,黄埔依然和军事有着紧密的联系。码头上停满了军舰,在军舰的簇拥中,一座细长的纪念碑上写着"黄埔军校旧址",黄埔军校就藏在军舰背后。准确地说,旧址属于岛上军营的一部分,只是因为黄埔军校旧址的旅游需求,军营才向公众开放。这里到处都可以看到军人、营房。

一下码头,左手边就是著名的黄埔军校,那是一幢普通的黄色老楼。校舍坐南朝北,大门对着珠江。门前有岗哨,岗哨后面还有2间小木屋用作卫兵室。大门上题写着"陆军军官学校"的匾额。大门里是学校本部,这是座岭南风格的四合院建筑。本部有4排楼房,建筑左右对称,形式一致,4排房子之间有走廊相连。

学校本部楼房并不高大,10多分钟便能逛一圈。大门西侧的两层小楼现在改成了纪

念馆。相比之下，学校斜对面的孙中山纪念碑要壮观得多。纪念碑在八桂山上，两边交叉而上的阶梯和铜像构成一个"文"字形，这暗合了"孙文"的"文"字。拾级而上，纪念碑上下分别是7级和5级，象征黄埔军校办了7期，在外地办了5期，也有人说是象征5次战役。纪念碑留字也不少：正面题有"孙中山纪念碑"，是胡汉民的字；底座上有军校的校训"亲爱精诚"字样；东面有孙中山著名的"和平、奋斗、救中国"遗训；背面有"总理赞词"，西面是"总理训词"。

学校和纪念碑是黄埔军校旧址最主要的景点，但黄埔军校所在的长洲岛绝不仅于此。如果有一辆自行车，可以沿着岛上的公路畅游，岛上有多处遗迹等着你去发现。北面有东征阵亡烈士记功坊和东征烈士墓，一座凯旋门式的建筑让人过目不忘。山上散落着各种纪念碑和炮台遗址，都是值得探访的军事遗迹。长洲岛上的村落都比较古朴，不经意间你就会遇见一个香火依旧兴盛的古庙。要是体力好，你可以一路骑到大学城，开启另一段新旅程。

黄埔古港
古村里的第一关

黄埔古港位于海珠区的石基村南，北面是另一个黄埔古村。实际上，港口所在的河流只是珠江的一条小支流，但这个港口从宋朝开始在中国对外贸易中就扮演着重要的角色，是海上丝绸之路的重要见证。哥德堡号曾三次造访古港。1745年，第三次从中国返回瑞典的哥德堡号遭遇暴风雨，沉没在哥德堡港入口处。据说船只当时满载着从中国带回的丝绸、瓷器、茶叶，仅仅将从海里打捞起的货物售卖后，扣去航行和打捞费用仍有盈利，可见当时海上丝绸之路的繁盛。明清之后，黄埔村的古港就是中国对外贸易的主要外港，尤

其是闭关政策之后，黄埔古港成为唯一的对外贸易口岸。黄埔的粤海关就成为"海上第一关"，黄埔村也因为商贸兴盛渐渐繁华起来。

现在黄埔古港已彻底退出了对外贸易的历史舞台。"海上第一关"虽然还雄踞在港口，但也只是供人们参观，以纪念馆的方式纪念逝去的海关岁月。黄埔古村本身就是一座博物馆，这里仍保留着高高堆起的山墙，一道道木栏横着的木门，一座座拥有雄伟大门的祠堂。只一个北帝庙几乎就能"复原"清朝对外贸易的全貌。走进黄埔古村就好似穿越回了百年前的岭南。

有趣的小店也悄悄进驻古村。祠堂街上，怀旧的剪纸店吸引了小朋友们好奇的目光。小屋里手绘明信片充满怀旧风，更有复古玩具让人爱不释手。祠堂变成了恬静舒适的茶馆，古朴院落里一张张老照片带人进入古港的历史。还有由青砖老屋改建的画廊，带来浓郁的艺术气息。

古港也是美食的天下，艇仔粥、姜撞奶、冰柠果、烧鸡等，样样都是经典美食，许多人去古港都是冲着美食去的。在港口附近和村口都有繁华的市场，可以淘到有趣的小玩意，也能寻见古村真正的特产。而在石基村西侧的老厂房已经改造成了创意园区。穿过一片集市就能看到时髦洋气的咖啡馆、工作室，在这里可以度过一段悠闲时光。从古老传统的港口到现代的创意园只隔了一个菜市场，从海上丝绸之路重地到成为旅游景点的古港却花了200多年时间。

广州，这座城

海珠湖公园及湿地公园
在广州绿肺里自由呼吸

把视线沿广州新城市中轴线往南移，你会发现一片广袤的绿野铺陈在海珠区的土地上，那是海珠湿地——一片镶嵌在大都会中的绿色乐园。

海珠湿地主要包括万亩果园、海珠湖及相关河涌39条，总占地面积8.69平方千米，水域面积达3.77平方千米，是珠三角河涌湿地、城市内湖湿地与半自然果林镶嵌交混的

复合湿地生态系统，是广州市城区重要的生态隔离带，被誉为广州"南肾"，与"北肺"白云山一起构成广州主城区的两大生态屏障。

每天都有许多市民来这片湿地呼吸新鲜空气，更有鸟类爱好者会带上专业的设备来这里观鸟、拍鸟。整个湿地实际上分成海珠湖公园和湿地公园东西两部分，中间由江海大道相隔。海珠湖公园的步道大致上是一个圆形。中间有一座小岛，岛上鸟儿聚集，鸟鸣声不断，有栈桥将步道和小岛相连。除了自然风光，这里还有漂亮的岭南建筑，星星点点地分布在步道两边。游人最爱的就是在复古的建筑和宜人的自然风光中留影。

相对而言，湿地公园的绿野环境更原生态一些。湿地里没有海珠湖那样成片的水域，绿色中遍布川流交错的河溪。岭南文化同样被引入湿地，恢宏大气的岭南式牌坊和历史悠久的镬耳屋坐落在湿地中。湿地公园的野趣让人着迷——小木舟躲在绿荫深处，白色野花点缀出一派春光，对岸游人的倒影在水中荡漾。坐上小舟，拨开芦苇，仿佛进入一片世外桃源。如果再往南深入，则是更原生态的果园区域。这里生态被保存得更好，鸟类更喜爱在这里栖息，这里也成为广州最好的观鸟地之一。

广州，这座城

小洲村
水乡古村最后的回响

小洲村是广州出名的文艺村落。小洲村是元末明初就已成形的岭南古村，村里水系环绕，是典型的水乡村落。曾经艺考大军大举入驻，把这里变成一个"文艺集散地"，然而村落改建的浪潮又逼迫艺考生们撤出。现在的小洲村在一堆新建的楼房中又变得沉寂起来。

只有在周末，郊区的公交车穿过狭小的道路，艰难地把三三两两的游人送来小洲村。人们的第一站基本上就是村口的人民礼堂。这座黄色的苏联式建筑与村子的整体风格格格不入，显示了一个特别时代给岭南古村留下的烙印。大礼堂里依旧有旧时的标语，常驻这

里的却是文艺小店,售卖着手工艺品和一些有趣的小玩意,还有一个咖啡吧在角落里静静等着客人。也有先锋的艺术家将这里作为演出舞台,去年的演出海报都还没有撕下。

与欧风浓郁的小礼堂不同,古村大部分建筑是新修的四五层的民居。村子的建筑是典型的新时代广东农民房,只有沿着河边漫步才能看到老旧的祠堂、庙宇。大部分老楼都大门紧闭,只能从外面看到过去岭南建筑的风采。值得一提的是,在新农村的高大房屋之中还保存着几间蚝壳房子,粗糙的蚝壳和光滑的瓷砖形成鲜明的反差,岁月的变迁 目了然。

虽然新房子那么密集,但好在还有小桥流水相伴。巨大的榕树斜斜地撑在河面上,废弃的船只浮在水面上,身上长满青苔。遥想古村当年的河道上应该是船来船往,热闹得很。沿着村里的指示牌你也能寻找到几个值得细看的祠堂,但最有趣的还是那些小店。河边的小路上、深深浅浅的巷子里,不经意间你就会被一个个装饰奇特、充满意趣的小店吸引。那可能是一个陶瓷作坊,可能是一个咖啡馆,也可能是一个书店。就连卖粥粉面的本地食店也有着自己独特的风格。吃着传统的牛腩粉,身边是当多宝榈用的木船,各式鸟笼悬挂在简易的帐篷下,昏暗的墙上还有广州纪实摄影师的图片展。文艺气息已渗入了小村的肌理之中。

村里很多店铺都出租汉服。在岭南旧屋或古老石桥上拍一张身着汉服的照片应该是很多人热衷的美事。在一家朝着河道的咖啡馆坐下,忘记生活中的烦恼,只在今朝看着这静静的河水和不变的石桥,再喝上一口精品咖啡,享受这水乡古村还有好时光。

广州，这座城

广州大学城
在公园里读书

　　广州大学城是广州最新的大学集中地，先后有十几家大学在这里成立校区。大学城在珠江中的一座岛屿上，这座岛叫小谷围岛，岛上满是学子的身影。岛屿上布满大学漂亮的建筑，又有大片绿地公园，环境优雅。

　　小谷围岛过去是自然村落和农田、湿地的天下。2003 年前后，这个三四十平方千米的岛屿上建起了几十栋各式各样的建筑。从体育场到教学楼再到宿舍，各种造型的大楼散落到绿地、湖泊、树林间，成千上万的学生走进了这个美丽的大学城。

　　大学城从内到外由 3 条环线公路环绕。地铁和公路纵穿整座岛屿，每条公路都干净整洁，铺满掉落的树叶。第一次到这里首先应该去岛屿中心，即中心湖公园游览。几乎每个大学城的学生和老师都会邀请来访的朋友到这里走走。这是一个以湖为中心的绿地公园，湖边环绕着曲折的步道，学生一对对地坐在湖边。宽阔的木平台深入湖中，总有人站在上面观景。湖中有一个极小的绿洲，一个小亭子坐落其上。远处树林背后，一个像太空船一样的体育馆"降落"在草地上。城市图书馆、拥有 5 万个座位的体育场、体育休闲中心、国际文化交流中心这些大学城的建筑都围绕在中心湖周围。伴着宽阔得略显奢华的绿地，湖光树影让人沉浸于远离尘嚣的自然之美中。

　　中心湖之外还有多个地方值得一去。西部的广东科学中心坐落在一片绿地湖泊中，其航母状的主楼是广州地标性建筑。中心的科学馆里有许多新奇的科技展，大都可以参与体验，其中最令人兴奋的是三维巨幕、四维、球幕、虚拟航行 4 个科技影院。这些影院能让来访者大开眼界，其中的三维巨幕影院还是亚洲最大的 IMAX 影院。再深入些，还能看到湖泊中的喷泉和小小的湿地公园。现代科技在这里瞬间切换成自然风光。

　　大学城里还保留了几个自然村。有的村落在变成大学商业区的同时，还保留了古老的天后庙。穿梭在村落里，各种设计巧妙的小店也值得花些时间探访一番。

广州，这座城

Bici Cafe
大学城里隐秘的意大利菜

南亭村在大学城岛屿的最南端，是大学城里仅存的几个自然村之一。因为岛上有了大批大学生，这里已经成为岛上最有趣的餐饮美食区和商业区，从南亭大街到小巷几乎都是商铺。也许是因为离美术学院近，这里的许多店都别有风情，小小的店面里满溢令人意想不到的独特个性。

Bici Cafe 就隐藏在南亭的小巷子里，可以算是最具个性的餐厅。老板和老板娘都是自行车爱好者，老板还是个外国人。他们采用意大利语中自行车的单词——Bici 作为餐厅的

名字。从 2009 年开始，这家餐厅就只提供晚餐，原因是老板和老板娘白天都要去练习公路自行车。老板在五星级酒店任职多年，有丰富的西餐料理经验，能轻而易举地将食材按照不同搭配变成丰盛的佳肴。

因为老板专业的厨艺，Bici Cafe 在大学城出了名。老板每天下午 3 点开始准备材料，6 点准时营业。到这里吃饭需要提前一天预订。这里没有固定菜单，什么食材新鲜，或者突然心血来潮，想到做什么，客人就吃什么，几乎每天都有不同的菜品。每顿晚餐都是完整的一套西式正餐，从汤到主食再到甜品一样不少。

Bici Cafe 里的装潢极其简单。门口的粉色死飞自行车成了最显眼的标志。房间里大量和自行车有关的装饰表明了老板的爱好。叫餐用的惨叫鸡玩具也颇具创意。老板娘的父母都在餐厅帮忙，老太太服务仔细又温和。不需要过多交流，只要坐下等着就餐就行了。餐厅还有些"傲娇"，不让顾客餐后在店里逗留，因为老板急着关门。

每天只有短短一两个小时的用餐时间，还要预约，又不知道有什么吃的，地方还难找——每一条看上去都足以限制一个餐厅的发展，但 Bici Cafe 却已经奇迹般地开了近十年。只能说老板的一手好厨艺让人们心甘情愿克服种种困难来到这里。

广州，这座城

岭南印象园
岭南老村的主题公园

因建设广州大学城，岛上众多村落被拆迁。有的村落是具有岭南特色的老村，许多建筑、街巷都保持着旧时风貌，练溪村就是其中之一。为了不让这些村落彻底消失，小谷围岛南端开辟出了一块展示岭南旧风情的主题公园——岭南印象园。在公园里，古村又活了过来，这里集中了各种岭南风物，人们又可以在岛屿绿地中怀旧一番。

　　岭南印象园在小谷围岛最南端，原址就是练溪村所在之处。公园里再建了包括练溪村在内的各地岭南老建筑，极具视觉效果的蚝壳墙、有深厚历史积淀的祠堂都能在这里找到。沿着湖泊溪流，青砖墙高低错落，窄门高屋、镬耳高墙交替出现。悠长的青云巷、古朴的趟栊门、精致的满洲窗配上蜿蜒小溪、清澈池塘，处处散发着岭南水乡的韵味。

　　复古的风情街上，一间间旧铺恢复了以往岭南老街的热闹景象。老酒坊、老理发店、舞狮会馆、姑婆屋等都能在老街上找到。街上遍布招牌、旗帜，古老的岭南技艺和营生在这条街上被发扬光大，吹糖人、捏面人、售卖飞机榄、报纸等手艺的营生都在大街上活跃着。

　　公园里恢复了很多岭南旧景。从客家文化到古庙祠堂，再到港澳往事，都历历在目。除了静止的风物，鲜活的表演也令人大开眼界。木偶戏、皮影戏、水上婚礼、小型马戏都能在公园免费欣赏。

　　公园最南端，珠江静静流淌，一艘艘驳船开过。昔日的练溪村就守着这片江面静静地存在，今天全新的印象园让它以新的面貌继续守候这片江水。

余荫山房

举人花园，亭台悠悠

余荫山房是清代举人的私家园林，现在是广州少见的、保存完好的清代园林。园中亭台楼阁、堂殿轩榭、桥廊堤栏、山山水水尽纳于方圆 300 步之中，砖雕、木雕、灰雕、石雕分布在屋里屋外。妙趣横生的小园林却蕴含了中国审美、处世哲学的大世界。

余荫山房所在的地区非常偏僻，没有半点出过举人的文化气息，只有这座被水沟包围的古典园林孤零零地呈现着古代文人的文化品位。气派的大门里遍地是传统岭南建筑，高

屋灰墙里浮现出一个秀气的园林。余荫山房的园林坐北朝南，以廊桥为界，可以分成东西两部分。园子有着苏杭园林般的灵气，厅堂、别馆、曲桥、角亭都和谐地分布在有限的空间里。

园林西部以方形荷花池为中心，池边廊桥、别馆围拢着。夏季，翩翩荷花便会绽放于水上，火红的炮仗花则染红一片青墙，和五彩的满洲窗相映成趣。东部是一个更宽阔的水池，一座八角形水榭端正地矗立在狭窄的沟渠中。房里花样窗格密布，透过窗子望去又是另一幅园林春色。大水池里同样有亭子，亭台下，红鲤鱼在水里大摇大摆地游动。游人走进亭子，投下鱼食，红鲤鱼便迅速围拢过来，不一会儿就把鱼食吃完了。池边还有假山、楼阁，游人纷纷登高俯瞰，一片秀丽园林展现在眼前。

余荫山房的妙趣在于亭、台、池、馆与游廊、拱桥、假山、花径、围墙交错穿插，行走其间能充分体会到江南园林小中见大、景外有景、似有似无的特色；同时，眼前建筑的雕刻、屋顶、窗户又分明是岭南经典风格。江南园林与岭南建筑浑然一体地相融便是余荫山房的最美妙之处。

这里远离广州市区,景点不多,但每一个景点都值得驻足欣赏。在番禺,古镇、奇山也是另有一番奇妙。

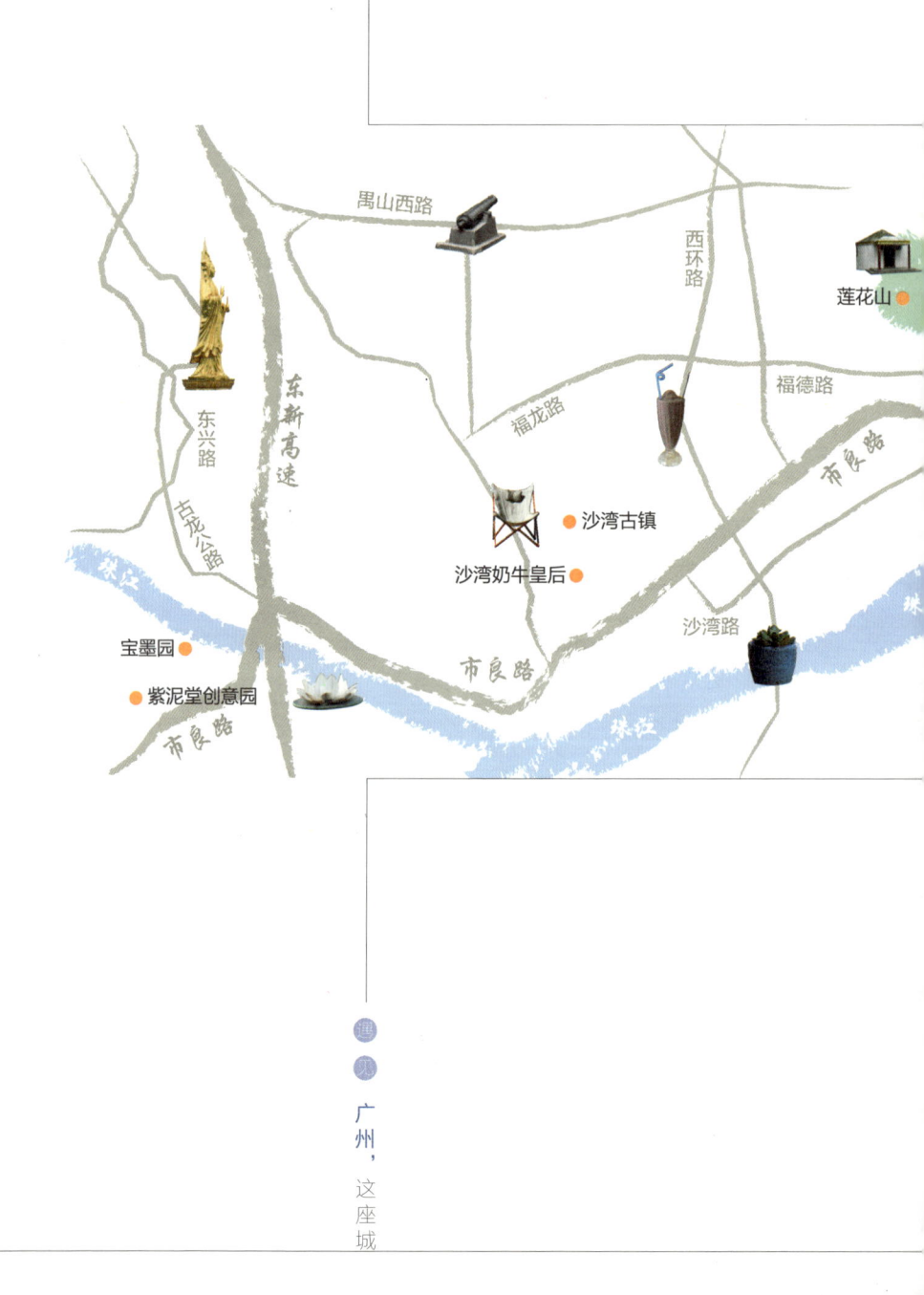

遇见 广州，这座城

沙湾有风情

不管你信不信佛，都可以在这个莲花山佛教景点中找到乐趣和意义。在这里，千朵万朵娇嫩的莲花令人爱怜，采石场的鬼斧神工令人叹服，巨大观音像和三殿一楼让人震撼。灿烂的山花、奇特的地貌、深远的佛韵，总有一处让你着迷。

沙湾的古老粤曲还在鸣奏，古镇的绰约风姿仍值得探寻。岭南的文化养育了这个古镇，伟岸的祠堂，蜿蜒的街巷，粗糙的麻石，细腻的雕刻，还有古老又神奇的各种节庆，还原了那个古老的岭南小镇。

小镇故事多，宝墨园里故事也不少。一脉相承的岭南文化在这里塑造了一个光鲜亮丽的园子，人们几乎忘记了它建造之初是为了纪念包拯。富丽堂皇的建筑、水池、艺术品巧妙地搭配在一起。倘若你未曾见过岭南的过去，那么去过宝墨园之后就算见着了。

在一群历史建筑中，紫泥堂倒算是"后生"了。不过，20世纪50年代到90年代的厂房建筑群在现在看也能算作"文物"了。黄色的苏式建筑确实有着让人喜欢的美丽外观，难怪这个曾经的糖厂那么轻松就能转型变成创意园。在一片充满怀旧氛围的沙洲上，古典和创新并存，它们离得那么近，又好像走得那么远！

广州，这座城

莲花山
采石场的望海观音

还没进入莲花山，就能看到一家接一家的香烛店，让人立刻感受到这里浓厚的宗教气氛。

番禺的莲花山是个丰富多彩的地方。高大的观音像和独具一格的禅寺是莲花山吸引人的一个主要原因，但除此之外，在丹霞地貌的"天工"和采石场的"人力"合作开辟出的

独特山石风景也引人入胜。山下湖边的荷花池又为这里带来了花卉公园般的景色。赏花、看山、烧香多个主题组合成了莲花山的全貌。

走进莲花山景区,就像走进了花园。初春就有漫山遍野的粉嫩桃花生长在莲花山的宝塔之下,是莲花山的标志性景色。春季有油菜花点缀山间,夏季有醉蝶花,秋季有波斯菊,冬季有薰衣草——一年四季这里都是一个姹紫嫣红的花园。尤其是夏季,是莲花大肆绽放的季节,也是莲花山举办莲花节的时节。莲花湖周围遍布各式各色的花池,古代莲、太空莲、香水莲……来自世界各地的莲花在这里盛开。池水上翩翩绿叶间,粉、黄、紫、红的花朵点缀着,在奇山怪石间好似一片莲花胜地。

看过莲花,往山上走便可到达山上的莲花禅寺。禅寺的寺庙高大雄伟,这栋三层传统木楼上集合了寺庙的三座殿宇。要拜访寺庙殿宇,须循着楼梯一级级往上爬。殿内佛像高大伟岸,金光灿灿,走到外廊还可以俯瞰禅寺周遭景色。在寺庙东侧放生池边,一座黄色屋顶的朝圣亭掩映在绿色的树林中。背面一座高耸的金色观音像矗立在广场上,注视着山外的狮子洋,仿佛在保佑过往船只。观音像西北面则是莲花山最古老的莲花塔,莲花塔建

于明朝，距今已经有400多年历史。过去从伶仃洋驶入珠江的船只都以这座居高临下的古塔作为航标，看到它就意味着到了广州，因此宝塔有"广州华表"的美誉。宝塔的东北面还有一座"莲花城"，城池是清朝时戍边的兵营，莲花城高大的城墙和墙上的雉堞仍保持着原貌。登上城墙，向北可以望到广州黄埔港，向东可以望到东莞市。城内树木森森，军帐座座，分八旗军展览厅、莲花城原貌展览厅、议事厅、将军帐、夫妻帐、娱乐帐等，向游客详细展示了有关清王朝八旗军的编制。

莲花城往东去可以看到莲花山最奇特的石景地貌。这里原来一直是广州的古采石场，采石历史已经有2 000多年。自然地貌在采石工人的"雕琢"下形成刀砍斧劈的山势，其中有多个岩石造型奇特，让人叹为观止。公园经巧心布置，山上山下各有步道可行。随着角度变换，山石呈现远近高低各不同的样貌。众多水池、花木、亭台点缀在奇石中间，让采石场变成园林般的地质公园。这里处处是景，俯仰之间皆有奇石，美不胜收。

沙湾古镇

岭南原貌古镇

沙湾是广州传统文化的一个重要坐标。这个承袭岭南水乡精华的古镇有着800多年的历史积淀，完整的风貌和深厚的文化遗产让它成为广州仅存的岭南风格古镇之一。

沙湾古镇物质文化遗产和非物质文化遗产资源丰富。祠堂、庙宇、蚝壳墙、商铺等古岭南建筑和遗址都能在这里找到，广东的传统音乐、飘色、龙狮、兰花、饮食等民间艺术和民俗文化在这里也得到完好保存。

今天的沙湾犹如广州传统文化的一座博物馆，走进去，岭南风扑面而来。古镇的街巷错落纵横，遵循着横平竖直格局。街巷里深浅灰色相间的麻石铺满地面，两边的古宅一座座排列着。青色的砖墙上留下深色的水渍，大门上的横圆木和拱起的镬耳成为独特的岭南标志，几乎消失的蚝壳墙在太阳下闪着奇特的光芒。被玻璃罩着的斑驳红砖墙显露出不同年代的纹理，一堵墙上居然留下了3个时代的烙印。宗祠、石塔和大户人家的古屋里到处留有精雕细琢的岭南古典美细节。云吞店、理发店、照相馆等老店铺完美地被保存下来，让人能回顾过去的岁月。农耕生活馆、水浒人物故事馆、中华神木家具馆等许多新馆利用旧屋吸引着游客驻足。

游走在街巷中，偶尔还能听见广东传统的丝竹声。镇子里的老人时常组织"私伙局"（非正式、自娱自乐式的粤曲表演）。熟悉的旋律飘荡在木门、麻石、青砖、镬耳间，岭南韵味呼之欲出。逢年过节，镇子里会演出欢快的舞龙舞狮。眨眼、点头、跳跃、采青……南派舞狮活灵活现。最热闹的还算是北帝诞，届时镇上会旗帜飘扬，上演"沙湾飘色"。面敷浓妆的孩子们或坐或站在抬起的高台上，他们扮演着各种角色，在大街小巷里穿梭，这种古老民俗已经有几百年的历史。

还有鳌龟舞、扒龙舟这些精彩的民俗活动定期在古镇上演。这个古镇还在继续着几百年来的岭南的乡土生活，麻石路上点点滴滴都浸润着古老的岭南文化。

紫泥堂创意园

重生的紫泥糖厂

紫泥堂创意园是紫泥这个沙洲上最有趣的去处。穿过一片居民小区，这个由糖厂改造的创意园豁然出现在眼前。这个创意园前身是紫泥糖厂。糖厂1953年建成投产，拥有自动化榨糖生产线，最兴盛时4 000名工人齐开工，日榨蔗5 000吨。后来，经营单一的糖厂衍生出发电、造纸、饮料、水泥等多元化经营。每年10月到第二年3月是榨季，那时河面上密密麻麻都是运甘蔗的船。如今厂边的珠江上已是空空荡荡。由于种种原因，盛极

一时的制糖帝国轰然倒塌,早在 1997 年糖厂就已经歇业。

经过多年的蛰伏,冰冷的厂房又"活"了起来,苏式办公楼、宿舍楼和大大小小的厂房又迎来了新的使命。一番改造之后,有一半的厂区已经摇身变为创意园区,另一半则还在改造中。人去楼空的厂房、断垣残壁状的砖墙、坑坑洼洼的地面、被红漆包裹的阀门管道和装饰一新的创意区就这样在园区里共存。

旧厂区空旷而颓废,每一栋楼都似乎迫切地等着被改造。靠近门口的创意区却一片生趣盎然、欣欣向荣。最靠近厂门的高大厂房里进驻了米其林法式餐厅,餐厅同时具有艺术馆、画廊的功能,以此来为创意园区点题。再往里,一个大草坪上的艺术花园是一大亮点。草地上点缀着细碎的花岗岩,竖着红瓦顶的白墙。有的墙上开着一个苏州园林式的圆门,有的中间用红砖做出船形装饰,船上还站着铁锈色的中国古人人偶。墙下是笔直的步道,两边开满低矮的野花。草坪上最大的人像雕塑形象圆润憨厚,像是从某个古老部落里拿来

的。不远处草坪上，厂里的各种机械被改造成装饰艺术品，工厂两根直插云霄的烟囱没有<u>丝毫改变</u>。草坪外，平淡的厂房外墙被摄影工作室"打扮"得生出几分童话味道。靠江边的厂房临空搭起一个观景平台，在那里眺望珠江最惬意不过了。

  再往草坪边上看，伊比利亚半岛风格的白墙挡着黄色的苏式建筑。许多有意思的咖啡馆都开在这一座座苏式建筑里。二层的小黄楼是创意园区的标志，当时它是那个年代里的时髦建筑。黄色的外墙搭配白色的内墙，底楼的廊里有一扇扇拱门，二楼外部有方形立柱装饰，中间还有外楼梯直达二楼。婆娑树影下，一顶顶遮阳伞开着，拱券里还有一家家有趣的小店。

  创意区里时常有拿着相机的游人来游玩。草坪上、艺术装饰边、黄楼前，都有他们摆姿势拍照的身影。园区的一面墙上用红漆写着"不在乎曾经拥有，只在乎天长地久"，也许创意园区就是让糖厂天长地久的方式吧。

广州，这座城

沙湾奶牛皇后
吃出阳光的甜品店

从古镇入口走进去，一眼就能看到沙湾奶牛皇后。这家在20世纪80年代诞生的甜品店已经是远近闻名的老字号，创始人就是本地土生土长的沙湾人。30多年的奋斗让店铺的女主人已经从少女变成了中年女性，但甜品的高品质却一天都没有变过。

为了保证奶制品的新鲜，这家店一开张就自己养了200头奶牛。消息不胫而走，自此"奶牛皇后"的名号就加在了女主人的身上。30年后的甜品店整洁、宽敞，规模不小。彩色

的满洲窗里透进了阳光，广州老店常见的中式桌椅摆满店堂。仿灯笼的小灯悬在空中，复古的宣传画贴在崭新的青砖墙上。非节假日店里的人不会很多，客人耐心等着一份姜埋奶。

"皇后"最拿手的甜品就是姜埋奶。这种沙湾特色甜品使用的是含脂量较高的新鲜水牛奶和本地产的黄心姜。虽然使用乳脂含量较高的其他奶也可以，但是没有本地水牛奶的特殊香味。因此，你细心品尝时，要留意奶香中独有的沙湾味道：奶膻味比其他牛奶淡，但质感明显比一般的牛奶细滑。水牛奶产量较低，营养价值很高。当鲜滑的牛奶滑入口中，奶香味伴着带一点热辣的姜味充斥在舌尖，就像一束阳光照进了身体。除了姜埋奶，姜撞奶、双皮奶、香芋炒奶，一系列奶甜品都是清一色的水牛奶制品。店堂里的货架上还有很多半成品奶制品。盒装的半成品是非常方便携带的手信，能让匆匆而过的游客把沙湾的阳光带回家。

广州，这座城

宝墨园
包相府里的皇家气派

清朝嘉庆年间，一块黑色的木头不顺流而下，反而三番五次漂到番禺紫泥村。这块神木后来就被刻成包拯像供奉起来，并在此建起祭祀庙宇。这个庙就叫包相府，也就是今天的宝墨园原址。

包相府并没有今天的宝墨园那么大，并且在20世纪50年代就被毁了。40年后人们重新修建了宝墨园，这时园子的面积几乎扩大了150倍，园林也宏伟大气起来，甚至有了

些许皇家气派。现在的宝墨园已经是集清官文化、岭南古建筑、岭南园林艺术、珠江三角洲水乡特色于一体的旅游胜地。

今天的宝墨园亮丽多彩。园子里水绿池碧，树青花红，池畔坐落着一座座中国古典建筑。楼、阁、廊、亭、榭、桥巧妙搭配，仿佛一场中国古建筑展。这里的建筑大都高大宏伟，绿色琉璃瓦、层层叠叠的重檐、彩色的满洲窗勾勒出绚烂的岭南风情。大的楼阁讲究对称，多居中轴线上。建筑之间常由拱桥相连，池边还有画舫、水榭相伴。大气的布局、开阔的视野甚至带有北方皇家园林的气派。

园子里，数不尽的艺术品等着游客参观。厅堂里悬挂着名家字画，木结构上刻着繁杂的木雕，甚至屋脊之上都有完整的历史题材浮雕……陶塑、瓷塑、砖雕、灰塑、石刻、木雕等艺术精品琳琅满目，其中瓷塑浮雕《清明上河图》和巨幅砖雕《吐艳和鸣壁》都被列入了吉尼斯世界纪录。

宝墨园里四大池水相连，红鲤鱼遍布池中，四周几十种植物绿意盎然，再加上精美的古典建筑，让人叹为观止的艺术精品，宝墨园里满满都是岭南园林的美妙意境。

本图书由北京出版集团有限责任公司依据与京版梅尔杜蒙（北京）文化传媒有限公司协议授权出版。

This book is published by Beijing Publishing Group Co. Ltd. (BPG) under the arrangement with BPG MAIRDUMONT Media Ltd. (BPG MD).

京版梅尔杜蒙（北京）文化传媒有限公司是由中方出版单位北京出版集团有限责任公司与德方出版单位梅尔杜蒙国际控股有限公司共同设立的中外合资公司。公司致力于成为最好的旅游内容提供者，在中国市场开展了图书出版、数字信息服务和线下服务三大业务。

BPG MD is a joint venture established by Chinese publisher BPG and German publisher MAIRDUMONT GmbH & Co. KG. The company aims to be the best travel content provider in China and creates book publications, digital information and offline services for the Chinese market.

北京出版集团有限责任公司是北京市属最大的综合性出版机构，前身为1948年成立的北平大众书店。经过数十年的发展，北京出版集团现已发展成为拥有多家专业出版社、杂志社和十余家子公司的大型国有文化企业。

Beijing Publishing Group Co. Ltd. is the largest municipal publishing house in Beijing, established in 1948, formerly known as Beijing Public Bookstore. After decades of development, BPG now owns a number of book and magazine publishing houses and holds more than 10 subsidiaries of state-owned cultural enterprises.

德国梅尔杜蒙国际控股有限公司成立于1948年，致力于旅游信息服务业。这一家族式出版企业始终坚持关注新世界及文化的发现和探索。作为欧洲旅游信息服务的市场领导者，梅尔杜蒙公司提供丰富的旅游指南、地图、旅游门户网站、App应用程序以及其他相关旅游服务；拥有Marco Polo、DUMONT、Baedeker等诸多市场领先的旅游信息品牌。

MAIRDUMONT GmbH & Co. KG was founded in 1948 in Germany with the passion for travelling. Discovering the world and exploring new countries and cultures has since been the focus of the still family owned publishing group. As the market leader in Europe for travel information it offers a large portfolio of travel guides, maps, travel and mobility portals, Apps as well as other touristic services. Its market leading travel information brands include Marco Polo, DUMONT, and Baedeker.

DUMONT 是德国科隆梅尔杜蒙国际控股有限公司所有的注册商标。
DUMONT is the registered trademark of Mediengruppe DuMont Schauberg, Cologne, Germany.

杜蒙·阅途 是京版梅尔杜蒙（北京）文化传媒有限公司所有的注册商标。
杜蒙·阅途 is the registered trademark of BPG MAIRDUMONT Media Ltd. (Beijing).